LE LIVRE DE CUISINE ULTIME DU RISOTTO GOURMET

100 RECETTES ITALIENNES DE RISOTTO POUR MAÎTRISER VOS TALENTS CULINAIRES

DÉSIRÉE BOURREAU

Tous les droits sont réservés.

Avertissement

Les informations contenues dans cet eBook sont destinées à servir de collection complète de stratégies sur lesquelles l'auteur de cet eBook a effectué des recherches. Les résumés, stratégies, trucs et astuces ne sont recommandés que par l'auteur, et la lecture de cet eBook ne garantit pas que ses résultats refléteront exactement les résultats de l'auteur. L'auteur de l'eBook a fait tous les efforts raisonnables pour fournir des informations actuelles et précises aux lecteurs de l'eBook. L'auteur et ses associés ne sauraient être tenus responsables des erreurs ou omissions involontaires qui pourraient être constatées. Le contenu de l'eBook peut inclure des informations provenant de tiers. Les documents de tiers comprennent les opinions exprimées par leurs propriétaires. En tant que tel, l'auteur de l'eBook n'assume aucune responsabilité pour tout matériel ou opinion de tiers.

L'eBook est protégé par copyright © 2022 avec tous droits réservés. Il est illégal de redistribuer, copier ou créer des travaux dérivés de cet eBook en tout ou en partie. Aucune partie de ce rapport ne peut être reproduite ou retransmise sous quelque forme que ce soit sans l'autorisation écrite expresse et signée de l'auteur.

TABLE DES MATIÈRES

TABLE DES MATIÈRES 3

INTRODUCTION 7

RISOTTO CARNAROLI 9

    1. Risotto au potiron 10
    2. Risotto à la courge musquée 13
    3. Risotto aux légumes de printemps 16
    4. Risotto au bacon et aux tomates 19

RISOTTO ARBORIO 22

    5. Risotto aux petits pois et jambon 23
    6. Risotto au jambon et aux asperges primavera 27
    7. Risotto à la pancetta avec radicchio 31
    8. Risotto à la saucisse avec radicchio 34
    9. Risotto aux châtaignes aux herbes 37
    10. Le risotto de Ciao mein 40
    11. Risotto à la saucisse italienne 43
    12. Risotto-noisettes d'Oregon-saucisse 46
    13. Pieds de veau au risotto au safran 49
    14. Bœuf grillé & risotto aux raisins 52
    15. Risotto bolognaise au four 56
    16. Risotto à la cocotte d'agneau 60
    17. Osso buco avec risotto 64
    18. Filet de boeuf & risotto aux poireaux 67
    19. Risotto au poulet avec chou frisé 71
    20. Risotto de courge au canard 74
    21. Risotto de poulet au parmesan 77
    22. Risotto d'orge au poulet 80
    23. Risotto au riz sale 83
    24. Risotto de foies de canard 86
    25. Risotto aux légumes 90
    26. Risotto au cheddar et oignons nouveaux 93

27. Risotto à la betterave 96
28. Risotto aux courgettes 99
29. Risotto vert aux légumes 102
30. Risotto à l'ail avec cailles 105
31. Risotto aux artichauts 109
32. Risotto au safran 112
33. Risotto d'orzo au cavolo nero 115
34. Mélange pour risotto au boulgour 118
35. Risotto aux légumes d'automne 120
36. Risotto de fenouil aux pistaches 124
37. Risotto aux épinards et au tofu 127
38. Risotto au miel et orge torréfiée 130
39. Risotto de patates douces aux herbes 133
40. Risotto au micro-ondes 136
41. Risotto japonais aux champignons 139
42. Risotto balsamique 142
43. Risotto aux bleuets aux cèpes 145
44. Risotto aux carottes et brocolis 148
45. Risotto aux chanterelles 152
46. Risotto aux cèpes et truffes 155
47. Risotto Puschlaver 158
48. Risotto au champagne 161
49. Risotto aux champignons et pecorino 164
50. Riz sauvage et risotto aux champignons 167
51. Risotto champignons & épinards 170
52. Gâteau Risotto Aux Champignons 173
53. Risotto aux œufs et germes de soja 176
54. Risotto aux tomates & champignons 179
55. Risotto aux asperges et champignons 183
56. Risotto aux légumes d'automne 186
57. Risotto végétalien 190
58. Risotto végétalien aux champignons 193
59. Risotto d'épeautre aux champignons 198
60. Risotto aux courgettes et petits pois 201
61. Risotto aux poireaux et parmesan 204
62. Risotto au chou 207

63. RISOTTO DE CREVETTES AUX PÉTONCLES 210
64. RISOTTO DE CRABE AUX ÉPINARDS ET PETITS POIS 213
65. RISOTTO AU SAUMON FUMÉ À CHAUD 217
66. RISOTTO DE CRABE AU BEURRE NOISETTE 219
67. RISOTTO AUX MOULES 222
68. RISOTTO AUX COQUILLAGES 226
69. RISOTTO AUX CREVETTES À LA CAJUN 230
70. CRAB CAKE & RISOTTO AUX OIGNONS VERTS 233
71. RISOTTO AU SAUMON 238
72. RISOTTO AUX ÉCREVISSES 242
73. RISOTTO DE POISSON GRILLÉ AU ROMARIN 245
74. RISOTTO DE ROUGET 248
75. RISOTTO DE HOMARD AU CURRY 251
76. RISOTTO À LA CHAIR DE CRABE 255
77. RISOTTO AUX CREVETTES 258
78. RISOTTO AUX CALAMARS 262
79. RISOTTO DE LOTTE AU SAFRAN 266
80. RISOTTO MARINARA 269
81. RISOTTO AUX SCAMPIS 273
82. GRATIN DE RISOTTO AU MAÏS ET AU FROMAGE 276
83. RISOTTO IOTIEN 279
84. RISOTTO DE COUSCOUS AU PECORINO 282
85. RISOTTO MILANAIS 285
86. RISOTTO AUX TROIS FROMAGES 288
87. RISOTTO AUX JALAPEÑOS ET FROMAGE JACK 291
88. RISOTTO AUX POIREAUX ET MASCARPONE 294
89. RISOTTO AUX NOIX DE PESTO 297
90. RISOTTO AUX HUIT HERBES 300
91. RISOTTO AU VIN BLANC PÉTILLANT 303
92. RISOTTO AUX POMMES 306
93. CRÊPES AU RISOTTO AUX FRAISES 309
94. RISOTTO AU POTIMARRON ET AUX POMMES 312
95. RISOTTO À L'ORANGE 316
96. RISOTTO AUX PÊCHES ET RAISINS SECS 319
97. RISOTTO AUX AGRUMES 322

VIALONE NANO 325
98. Risotto aux quatre fromages 326

BALDO RISOTTO 329
99. Risotto Champignons-Asperges 330
100. Risotto aux épinards et aux champignons de saison 334

CONCLUSION 338

INTRODUCTION

Pourquoi le riz est si important dans le risotto

Le risotto, dans sa forme la plus élémentaire, est du riz cuit dans un bouillon. Le riz est la star ici car il produit de l'amidon - l'agitation constante pendant le processus de cuisson frotte l'amidon de la surface du riz, où il se dissout et épaissit le liquide de cuisson. Choisir un riz qui n'a pas assez d'amidon signifie que la texture crémeuse caractéristique d'un bon risotto ne sera jamais atteinte.

Alors, qu'est-ce qui fait un bon riz à risotto? Recherchez du riz à grain court à moyen, charnu et à forte teneur en amylopectine (amidon). Ces types de riz résistent également bien à l'agitation constante - la texture finale est douce, mais a une légère mastication au centre de chaque grain.

Types de Riz Risotto

A. **Carnaroli** : Appelé le « roi » ou le « caviar » du riz à risotto, les chefs aiment utiliser celui-ci pour sa grande saveur et parce que chaque grain conserve sa forme. Il produit également le risotto le plus crémeux et est plus facile à cuisiner.

B. **Arborio** : Cette variété de riz n'est pas aussi féculente que le carnaroli, mais c'est la plus largement disponible. Ce riz à grain moyen peut être facile à trop cuire ou à devenir pâteux, mais avec une attention particulière, il peut toujours faire un excellent risotto.

C. **Vialone Nano :** Te riz à grains plus courts est cultivé dans la région de Vénétie en Italie et ne peut pas être cultivé avec des produits chimiques. Il a une teneur élevée en amidon, cuit plus rapidement que le carnaroli et donne un risotto très crémeux.

D. **Baldo :** Le riz Baldo est un riz dodu, moulu et à grain court cultivé en Turquie. Les grains sont féculents et peuvent absorber beaucoup d'humidité, ce qui les rend très crémeux et tendres et conserve bien leur forme lorsqu'ils sont cuits. Le riz Baldo est un excellent choix pour le risotto, la paella et les pilafs turcs.

E. **Cal riso :** C'est un riz à grain moyen. Une fois cuit, il devient légèrement mou et collant, ce qui le rend idéal pour les plats où les grains doivent tenir, comme les sushis, les soupes ou les salades. Le riz Calrose a également une saveur très douce, ce qui signifie qu'il peut facilement absorber tous les ingrédients audacieux, tels que les herbes et les épices.

F. **Maratelli :** Le riz Maratelli est une variété qui a été sélectionnée naturellement dans les champs d'Asigliano Vercellese dans le nord-ouest de l'Italie. C'est une variété à maturation précoce qui fait partie du groupe des riz « semi-fins ».

RISOTTO CARNAROLI

1. Risotto au potiron

Pour 4 personnes

Ingrédients:

- 75 g (3 oz) de pancetta épaisse ou de bacon fumé de qualité supérieure, coupé en cubes
- 1 oignon de taille moyenne, haché
- 500 g (1 lb 2 oz) de citrouille orange mûre ou de courge musquée, pelée, épépinée et hachée
- sel de mer et poivre noir fraîchement moulu
- 400 g (14 oz) de riz Carnaroli
- 1,2 litre (2 pintes) environ de bouillon de légumes ou de poulet, gardé à ébullition
- une poignée de persil frais finement haché
- 1 cuillère à café de jus de citron ou de vinaigre de vin blanc
- 2 cuillères à soupe de beurre non salé
- 3 cuillères à soupe bombées de fromage Grana Padano fraîchement râpé

Les directions:

a) Faites frire la pancetta doucement dans une grande casserole à fond épais jusqu'à ce que la graisse coule, puis ajoutez l'oignon et faites-le frire jusqu'à ce qu'il soit ramolli.

b) Ajouter la citrouille et cuire doucement avec l'oignon et la pancetta jusqu'à ce qu'ils soient ramollis et pâteux.

c) Ajoutez le riz et faites-le griller soigneusement de tous les côtés, puis commencez à ajouter le bouillon, remuez et laissez le riz absorber le liquide, ajoutez plus de bouillon, assaisonnez au goût, et quand le riz a absorbé le liquide, ajoutez-en plus.

d) Continuez ainsi jusqu'à ce que le riz soit tendre et que tous les grains soient dodus et bien cuits.

e) Incorporer le persil, le jus de citron ou le vinaigre, le beurre et le Grana Padano, retirer du feu et couvrir.

f) Laisser reposer pendant trois minutes, puis remuer à nouveau et transférer dans un plat chaud. Servir aussitôt.

2. Risotto à la courge musquée

Pour 4 personnes

Ingrédients:

- 1 petit oignon, haché
- huile d'olive
- courge musquée ou citrouille 250g, pelée et coupée en dés
- riz carnaroli 200g
- bouillon de légumes ou de poulet 800 ml, chaud
- sauge quelques feuilles, hachées
- parmesan ou grana padano râpé pour faire 2 cuillères à soupe, pour servir

Les directions:

a) Faites revenir l'oignon doucement dans 1 cuillère à soupe d'huile dans une poêle à frire profonde ou une sauteuse jusqu'à ce qu'il soit tendre mais pas doré. Ajouter la courge et le riz et remuer quelques secondes pour enrober les grains d'huile.

b) Ajouter quelques louches de bouillon et porter à ébullition. Cuire en remuant jusqu'à ce que presque tout le bouillon soit absorbé.

c) Ajouter le reste du bouillon un peu à la fois, en faisant cuire jusqu'à ce que chaque ajout soit absorbé avant d'ajouter le suivant, jusqu'à ce que la courge soit tendre et que le riz soit crémeux mais toujours al dente.

d) Incorporer la sauge et bien assaisonner. Répartir le risotto dans des bols et saupoudrer de fromage pour servir.

3. Risotto aux légumes de printemps

Pour 4 personnes

Ingrédients:

- 1 ou 2 oignons de printemps dodus, hachés
- 2 très petits fleurons de brocoli frais à germer, hachés grossièrement
- une petite poignée de haricots verts fins
- 50 g (2 oz) de beurre non salé
- 350 g (12 oz) de riz Carnaroli
- 2 ou 3 petites carottes, hachées
- 1,2 litre (2 pintes) de bouillon de légumes ou de poulet léger
- 2 ou 3 jeunes courgettes tendres
- sel de mer et poivre fraîchement moulu
- 3 à 4 cuillères à soupe de petits pois frais, écossés
- 3 cuillères à soupe bombées de fromage Grana Padano fraîchement râpé

Les directions:

a) Faire sauter les légumes ensemble très doucement et avec précaution pendant environ 8 à 10 minutes avec 2/3 du beurre.

b) Ajouter le riz et remuer pour bien l'enrober de beurre et de légumes.

c) Assaisonner, puis commencer à ajouter le bouillon chaud en remuant constamment pour éviter qu'il ne colle.

d) Le riz mettra 20 minutes à cuire à partir du moment où vous commencerez à ajouter le liquide.

e) Retirer du feu.

f) Rectifier l'assaisonnement, incorporer le reste du beurre et le Grana Padano fraîchement râpé.

g) Couvrir et laisser reposer pendant 2 minutes, puis mélanger à nouveau et transférer sur un plat chaud pour servir immédiatement.

4. Risotto au bacon et aux tomates

Pour 2

Ingrédients:

- huile de friture
- oignon 1, haché finement
- ail 1 gousse, écrasée
- bacon 4 tranches de dos, finement hachées
- carnaroli 200g
- bouillon de poulet frais, complété jusqu'à 1 litre
- tomates cerises 12, équeutées si vous préférez

Les directions:

a) Faites chauffer un peu d'huile dans une large poêle et faites revenir l'oignon doucement pendant quelques minutes jusqu'à ce qu'il soit tendre, ajoutez l'ail et la moitié du bacon et faites revenir le tout ensemble.

b) Ajouter le riz et bien mélanger, puis ajouter le bouillon quelques louches à la fois, en remuant chaque lot jusqu'à ce qu'il soit complètement absorbé et que le risotto soit crémeux mais conserve encore un peu de bouchée (vous n'aurez peut-être pas besoin d'utiliser tout le bouillon).

c) Pendant ce temps, faites chauffer une autre poêle avec un peu d'huile et faites cuire le reste du bacon avec les tomates à feu vif jusqu'à ce qu'il soit doré. Verser sur le risotto pour servir.

RISOTTO ARBORIO

5. Risotto aux petits pois et jambon

Pour 4 personnes

Ingrédients:

- jarret de porc non fumé 1kg
- carotte, oignon et branche de céleri 1 de chaque, hachés
- bouquet garni 1
- grains de poivre noir 1 cuillère à café

Risotto

- persil plat un petit bouquet, feuilles et tiges hachées
- beurre 2 cuillères à soupe
- huile d'olive 2 cuillères à soupe
- 1 gros oignon coupé en dés
- ail 2 gousses écrasées
- riz à risotto 300g
- vin blanc 150ml
- petits pois surgelés 400g
- parmesan 50g, râpé

Les directions:

a) Laver le jarret et le mettre dans une grande casserole avec le reste du bouillon ainsi que les tiges de persil du risotto.

b) Couvrir d'eau juste bouillie et laisser mijoter, à couvert, pendant 3-4 heures, en écumant les impuretés qui remontent à la surface et en rajoutant si nécessaire, jusqu'à ce que la viande se détache de l'os. Retirer le jarret du liquide et laisser refroidir légèrement.

c) Filtrer et goûter le bouillon (il devrait y avoir 1,5 litre) – il doit être assez salé avec beaucoup de saveur. Verser dans une casserole à feu doux.

d) Faites chauffer 1 cuillère à soupe de beurre et l'huile dans une poêle profonde à feu moyen. Faire revenir l'oignon pendant 10 minutes jusqu'à ce qu'il soit tendre. Incorporer l'ail, faire frire pendant 1 minute puis ajouter le riz et cuire pendant 2-3 minutes pour faire griller le riz.

e) Versez le vin et bouillonnez jusqu'à ce qu'il soit presque épuisé, puis ajoutez le bouillon, une louche à la fois, en remuant régulièrement pendant 20 à 25 minutes ou jusqu'à ce que le riz soit tendre et crémeux.

f) Retirer la peau du jarret de porc, effilocher la viande et jeter les os.

g) Incorporer la majeure partie du jambon et tous les petits pois dans le risotto. Remuer jusqu'à ce que les pois soient tendres. Retirer du feu, incorporer le parmesan et le beurre restant, couvrir et laisser reposer 10 minutes.

h) Parsemer du jambon restant, d'un filet d'huile et de persil.

6. Risotto au jambon et aux asperges primavera

Pour 6 personnes

Ingrédients:

- jarret de porc fumé 1, trempé toute la nuit si nécessaire
- carotte 1
- beurre doux 100g, coupé en dés
- oignons 3 moyens, 2 coupés en petits dés
- ail 2 gousses
- thym un brin, finement haché
- riz à risotto 200g
- orge perlé 200g
- petits pois 150g
- fèves 150g, double gousse si vous aimez
- pointes d'asperges 6, tranchées en biais
- 4 oignons nouveaux, tranchés en biais
- haricots verts 20, coupés en petits tronçons
- mascarpone 100g
- parmesan 85g, râpé

6. Risotto au jambon et aux asperges primavera

Pour 6 personnes

Ingrédients:

- jarret de porc fumé 1, trempé toute la nuit si nécessaire
- carotte 1
- beurre doux 100g, coupé en dés
- oignons 3 moyens, 2 coupés en petits dés
- ail 2 gousses
- thym un brin, finement haché
- riz à risotto 200g
- orge perlé 200g
- petits pois 150g
- fèves 150g, double gousse si vous aimez
- pointes d'asperges 6, tranchées en biais
- 4 oignons nouveaux, tranchés en biais
- haricots verts 20, coupés en petits tronçons
- mascarpone 100g
- parmesan 85g, râpé

Les directions:

a) Mettez le jarret de jambon dans une casserole remplie d'eau propre et froide avec la carotte et l'oignon coupé en deux.

b) Porter à frémissement et cuire 2h30 en écumant de temps en temps la surface. Complétez la casserole avec de l'eau si nécessaire.

c) Faire fondre le beurre dans une casserole à fond épais et ajouter l'oignon, l'ail et le thym. Cuire jusqu'à ce qu'ils soient ramollis mais non colorés.

d) Ajouter le riz et l'orge perlé et cuire quelques minutes jusqu'à ce qu'ils soient enrobés de beurre. Ajouter graduellement le bouillon du jambon et des légumes, tout en remuant.

e) Après environ 15 à 20 minutes d'agitation et de mijotage, vous aurez utilisé presque tout le bouillon. Goûtez votre risotto et si vous êtes satisfait de la texture, retirez le risotto du feu mais gardez-le à proximité.

f) Faire bouillir une casserole d'eau et blanchir tous les légumes verts à l'exception des oignons nouveaux pendant 30 secondes. Égoutter et verser dans le risotto.

g) Remettre le risotto sur feu moyen et incorporer les légumes, les oignons nouveaux et le jambon et laisser chauffer et assaisonner. Incorporer le mascarpone et le parmesan râpé et servir.

7. Risotto à la pancetta avec radicchio

Pour 2

Ingrédients:

- beurre 25g
- huile d'olive 2 cuillères à soupe
- 4 échalotes finement hachées
- pancetta fumée 75g, coupée en dés
- radicchio 1, environ 225g
- riz à risotto 225g
- bouillon de poulet 500-600ml
- pancetta 4-6 tranches, tranchées finement
- crème fraîche entière 2 cuillères à soupe
- parmesan 25-50g, finement râpé

Les directions:

a) Faire fondre le beurre et l'huile d'olive dans une petite cocotte. Ajouter les échalotes et faire revenir doucement jusqu'à ce qu'elles soient tendres. Ajouter la pancetta coupée en dés et poursuivre la cuisson, en remuant, jusqu'à ce qu'elle soit presque croustillante. Pendant ce temps, coupez la moitié supérieure du radicchio et râpez-le. Couper la moitié inférieure en fines tranches, en coupant la racine mais en en laissant suffisamment derrière pour maintenir les quartiers ensemble.

b) Ajouter le riz dans la poêle, remuer vivement pendant une minute ou deux, puis ajouter le radicchio râpé et une louche de bouillon. Cuire à feu doux en remuant de temps en temps, en ajoutant du bouillon au fur et à mesure qu'il est absorbé.

c) Pendant ce temps, faites chauffer une poêle en fonte et faites cuire les quartiers de radicchio des deux côtés afin qu'ils soient légèrement carbonisés. Retirer et réserver.

d) Faire chauffer une poêle et faire revenir à sec les tranches de pancetta jusqu'à ce que la graisse soit dorée. Retirer de la poêle et réserver - ils deviendront croustillants.

e) Lorsque le riz est presque cuit mais encore bien croquant (environ 20 minutes), vérifier l'assaisonnement, éteindre le feu, ajouter la crème fraîche et le beurre supplémentaire, bien mélanger, mettre le couvercle sur la cocotte et laisser reposer 5 minutes . Juste avant de servir, incorporer les quartiers de radicchio grillés.

f) Garnir chaque assiette avec la pancetta croustillante et le parmesan.

8. Risotto à la saucisse avec radicchio

Pour 4 personnes

Ingrédients:

- saucisse piquante 175g (italienne de préférence, disponible en épicerie fine)
- huile d'olive 6 cuillères à soupe
- 1 petit oignon finement haché
- ail 2 gousses, finement hachées
- riz arborio 200g
- Vin rouge italien 500ml
- bouillon de volaille 500 ml
- radicchio 1 petite tête (environ 175 g), parée et tranchée
- beurre 25g
- parmesan 30g, plus plus pour servir

Les directions:

a) Pelez la saucisse puis coupez-la en morceaux, de la taille d'une noix environ, et roulez-les en boules. Faites chauffer l'huile d'olive dans une grande poêle à fond épais, ajoutez la saucisse et faites-la bien dorer.

b) Ajouter l'oignon et cuire jusqu'à ce qu'il soit juste ramolli. Ajouter l'ail, cuire 1 minute, ajouter le riz et remuer pour l'enrober de jus. Ajouter le vin un peu à la fois, en remuant continuellement et en n'ajoutant plus que lorsque le dernier lot a été absorbé.

c) Ajoutez maintenant le bouillon, une louche à la fois, en remuant continuellement. Il faudra environ 25 minutes pour mélanger le tout. Après environ 15 minutes, ajouter le radicchio et remuer.

d) Goûtez avant l'assaisonnement, incorporez le beurre et le parmesan, puis servez avec un peu de parmesan supplémentaire à côté.

9. Risotto aux châtaignes aux herbes

Rendement : 6 portions

Ingrédients

- 500 grammes de châtaignes
- 400 grammes de riz
- 150 grammes Saucisses
- 1 oignon de printemps
- 2 cuillères à soupe de Crème Simple
- 20 grammes de beurre
- 70 grammes de parmesan; Râpé
- Feuille de laurier
- Clous de girofle
- Stock ou cube de stock
- sel

Les directions:

a) Peler les marrons et les faire bouillir dans de l'eau légèrement salée contenant une feuille de laurier et quelques clous de girofle.

b) Quand ils sont bien cuits, retirez-les du feu et enlevez la peau intérieure.

c) Mettez de côté 15 des plus belles châtaignes entières et passez les autres au tamis. Faire revenir la ciboulette émincé très finement dans un peu de beurre, ajouter la purée de marrons, la crème et le riz. Cuire le risotto en utilisant le bouillon chaud.

d) Prenez une petite poêle et faites dorer le saucisson émietté dans le beurre restant pendant quelques minutes. Ajouter les marrons entiers mis de côté, baisser le feu au minimum et laisser mijoter quelques instants.

e) Lorsque le riz est prêt, assaisonnez-le avec le parmesan, disposez-le en forme d'anneau sur un plat de service rond, et disposez au milieu le saucisson et les châtaignes entières avec leur sauce.

10. Le risotto de Ciao mein

Rendement : 12 portions

Ingrédients:

- 3 tasses de vin blanc
- 7 onces de prosciutto ; jambon
- 4 cuillères à soupe de beurre ; salé
- 1 pincée de safran
- 1 cuillère à café de sel
- 7 onces de fromage Romano
- ½ tasse d'oignon jaune
- 1 cuillère à café d'ail; haché
- 2 livres de riz ; Risotto
- 3 onces de cèpes; séché
- 8 tasses de bouillon de poulet
- 1 brin de persil italien ; haché

Les directions:

a) Réduire le vin avec du safran pour obtenir la saveur et la couleur du safran. Mettre de côté.

b) Faire tremper les cèpes séchés dans ½ litre d'eau tiède. Drain. Réserver le liquide et couper les champignons en dés.

c) Faire sauter les oignons et les champignons, ajouter le riz risotto, le bouillon de poulet et ajouter le mélange de vin.

d) Porter à ébullition et cuire au four à 350 degrés pendant 10 minutes. Étendre sur une plaque à pâtisserie pour refroidir.

e) Prenez une portion et ajoutez une touche de bouillon pour chauffer et servir. Garnir de persil italien haché.

11. Risotto à la saucisse italienne

Rendement : 4 portions

Ingrédient

- $\frac{3}{4}$ livre de liens de saucisses italiennes ; couper en morceaux de 1 pouce
- $14\frac{1}{2}$ onces de bouillon de bœuf
- 2 onces de Piment; égoutté, coupé en dés
- 1 tasse de riz non cuit
- $\frac{1}{4}$ cuillère à café d'ail en poudre
- $\frac{1}{8}$ cuillère à café de poivre
- 9 onces de brocoli coupé surgelé; décongelé
- 2 cuillères à soupe de parmesan; râpé

Les directions:

a) Cuire les saucisses dans une grande poêle à feu moyen-vif pendant 3 à 5 minutes ou jusqu'à ce qu'elles soient bien dorées, en remuant de temps à autre; drain.

b) Ajouter le bouillon de bœuf, le piment, le riz, la poudre d'ail et le poivre. Porter à ébullition. Réduire le feu à doux; couvrir et laisser mijoter 10 minutes.

c) Incorporer le brocoli; couverture. Laisser mijoter 10 minutes supplémentaires ou jusqu'à ce que le liquide soit absorbé et que le brocoli soit tendre, en remuant de temps en temps.

d) Saupoudrer de parmesan. 4 (1-$\frac{1}{4}$ tasse) portions.

12. Risotto-noisettes d'oregon-saucisse

Rendement : 6 portions

Ingrédient

- 5 saucisses allemandes ou italiennes (1 1/2 lb)
- $1\frac{1}{2}$ tasse d'oignon rouge, haché grossièrement
- 2 cuillères à soupe de beurre
- 1 Poivron vert haché grossièrement
- 1 Poivron rouge haché grossièrement
- 2 bananes ; découpé en tranches
- $\frac{3}{4}$ tasse de noisettes d'Oregon coupées en deux
- $\frac{1}{2}$ tasse de groseilles ou de raisins secs
- 4 tasses de riz cuit
- Sel et poivre au goût
- 3 Oeufs durs; tamisé
- Persil finement haché
- Basilic finement ciselé
- Ciboulette finement ciselée

Les directions:

a) Faire dorer les saucisses dans une grande poêle ou une poêle électrique. Égouttez la saucisse et coupez-la en morceaux. Faire fondre le beurre dans une poêle et ajouter les oignons hachés.

b) Couvrir et cuire jusqu'à ce que les oignons soient à peine tendres. Ajouter les poivrons et faire revenir, jusqu'à ce qu'ils soient à peine tendres. Ajouter le riz, les saucisses et le sel et le poivre en remuant avec une fourchette jusqu'à ce qu'ils soient chauds.

c) Ajouter les raisins secs, les bananes et les noisettes d'Oregon et mélanger délicatement. Assaisonner selon l'envie. Servir sur un plat chauffé.

d) Garnir d'œufs tamisés et du mélange d'herbes.

13. Pieds de veau au risotto au safran

Rendement : 4 portions

Ingrédient

- 1 oignon, coupé en petits cubes
- 2 gousses d'ail, hachées
- 3 onces de carottes, coupées en petits cubes
- 3 onces de céleri, en petits cubes
- 2 onces de poireaux, coupés en petits cubes
- 4 tranches de pieds de veau
- sel
- Poivre
- Farine
- 2 onces de beurre
- 1 cuillère à soupe de purée de tomates
- 1 tasse de vin, rouge
- 1 tasse de vin blanc
- 2 tomates, hachées
- $1\frac{1}{4}$ tasse de bouillon de viande, au besoin

- ½ citron, zeste râpé
- ½ cuillère à café de graines de carvi, hachées
- 2 cuillères à soupe de persil, haché
- 2 gousses d'ail, pressées

Les directions:

a) Assaisonner les pieds de veau, les fariner et bien les enrober des deux côtés.

b) Faire chauffer le beurre et dorer les pieds de veau des deux côtés.

c) Ajouter l'oignon et une gousse d'ail et faire sauter une minute.

d) Ajouter le concentré de tomate et les vins et laisser mijoter pour réduire un peu.

e) Ajouter les tomates, remplir de bouillon, couvrir et laisser mijoter 1h30.

f) Ajouter le zeste de citron râpé, les graines de carvi, le persil et le reste de l'ail après 1 heure de cuisson.

g) Servir avec le safran

14. Bœuf grillé & risotto aux raisins

Rendement : 4 portions

Ingrédients:

- 1 livre de tour supérieur
- 2 cuillères à soupe d'huile d'olive
- 1 cuillère à soupe d'essence d'émeril
- 1 cuillère à soupe d'huile d'olive
- 1 tasse d'oignons jaunes en julienne
- 2 cuillères à soupe d'échalotes hachées
- 1 cuillère à soupe d'ail haché
- 2½ tasse de riz arborio
- 2 tasses de réduction de veau
- ¼ tasse de vin rouge
- ⅓ tasse de marsala sec
- 8 tasses de bouillon de viande
- ½ tasse de poivrons verts rôtis en julienne
- ½ tasse de poivrons rouges rôtis en julienne
- ½ tasse de poivrons jaunes rôtis en julienne

- ½ tasse de fromage romano
- ½ tasse de raisins secs dorés
- 1 sel
- 1 poivre noir fraîchement moulu
- 1 cuillère à soupe de poivrons rouges coupés en petits dés
- 1 cuillère à soupe de poivrons jaunes finement coupés en dés
- 2 cuillères à soupe d'oignons verts hachés
- bloc de fromage romano de 3 onces
- 3 oignons verts entiers grillés

Les directions:

a) Préchauffez le gril. Assaisonnez le dessus avec l'huile d'olive et l'Essence d'Emeril. Placer sur le gril. Griller de 3 à 4 minutes de chaque côté pour une cuisson mi-saignante. Pour le risotto : Dans une sauteuse, faire chauffer l'huile d'olive.

b) Lorsque la poêle est bien chaude, ajouter les oignons, les échalotes et l'ail. Faire sauter les légumes pendant 1 minute. A l'aide d'une cuillère en bois, incorporer le riz, faire revenir 1 minute. En remuant constamment, ajouter la réduction de veau, le vin, le Marsala et le bouillon de viande, une tasse à la fois.

c) Cuire le risotto pendant 10 à 12 minutes en remuant constamment. Incorporer les poivrons, le fromage et les raisins secs. Assaisonnez avec du sel et du poivre. Retirez le rond du gril et coupez-le en biais en portions de 2 onces.

d) Pour assembler, monter le risotto au centre du plat. Ventiler la viande autour du risotto.

e) Garnir de poivrons, d'oignons verts grillés et, à l'aide d'un économe, couper de fines tranches de fromage sur le dessus du risotto.

15. Risotto bolognaise au four

Pour 6 personnes

Ingrédients:

- boeuf haché 300g
- champignons marrons 200g, en quartiers
- cèpes séchés 15g
- bouillon de bœuf 750 ml, chaud
- huile d'olive 2 cuillères à soupe
- oignon 1, haché finement
- ail 1 gousse finement hachée
- riz arborio 200g
- passata 200ml
- purée de tomates 1 cuillère à soupe
- Sauce Worcestershire quelques traits
- sel de céleri 1 cuillère à café
- origan séché 1 cuillère à café
- mozzarella 2 boules, coupées en dés
- parmesan 30g, finement râpé

Les directions:

a) Chauffez le four à 200C/chaleur tournante 180C/gaz 6. Étalez le hachis et les châtaignes sur une plaque de cuisson antiadhésive.

b) Cuire pendant 20 à 25 minutes en remuant de temps en temps jusqu'à ce que le hachis soit doré, que les champignons aient pris un peu de couleur et que leur excès de liquide se soit évaporé.

c) Pendant ce temps, mettez les champignons séchés dans un bol et versez dessus 150 ml de bouillon chaud.

d) Faites chauffer l'huile d'olive dans une casserole peu profonde ou une poêle profonde allant au four et faites cuire l'oignon jusqu'à ce qu'il soit ramolli. Ajouter l'ail, cuire pendant une minute puis ajouter le riz et remuer dans l'huile et les oignons jusqu'à ce qu'ils soient complètement enrobés.

e) Filtrer la liqueur de champignons (en laissant derrière tout grain). Hacher les champignons trempés et les incorporer, puis ajouter progressivement la liqueur de champignons en remuant au fur et à mesure. Ajouter le reste du bouillon de boeuf une louche à la fois, en rajoutant une fois la louche précédente absorbée, jusqu'à ce que le riz soit presque cuit.

f) Incorporer la passata puis verser le bœuf haché rôti, les champignons, la purée de tomates et la sauce Worcestershire, le sel de céleri et l'origan.

g) Porter à ébullition en ajoutant un peu d'eau si cela semble sec. Incorporer les $\frac{3}{4}$ de la mozzarella. Saupoudrer le reste sur le dessus avec le parmesan. Mettre au four pendant 25 minutes, à découvert, jusqu'à ce qu'ils soient dorés et bouillonnants.

16. Risotto à la cocotte d'agneau

Rendement : 8 portions

Ingrédients:

- 2½ livres Gigot d'agneau, coupé en cubes
- Huile d'olive
- ¼ cuillère à café Chacun, séché : romarin,
- Thym et poivre blanc
- Sel au goût
- 4½ tasse de bouillon de légumes
- ½ cuillère à café de fils de safran
- 1½ tasse de riz arborio
- 1½ tasse de vin blanc sec
- 10 jeunes pointes d'asperges, cuites à la vapeur
- ½ tasse de parmesan fraîchement râpé
- 1½ tasse de tomates, hachées

Bouillon de légumes

- ¾ tasse Chacun, haché : oignon, céleri,
- Carottes et champignons

- 4½ tasse d'eau

Les directions:

a) Préchauffer le four à 250 degrés. Saisir légèrement et rapidement l'agneau en cubes dans ⅓ tasse d'huile d'olive dans une poêle à feu vif. Ne laissez pas la viande cuire à l'intérieur. Retirez immédiatement l'agneau avec une écumoire et placez-le dans une casserole de 3 pintes qui a été enduite d'un enduit végétal.

b) Ajouter le thym, le romarin et le poivre dans la casserole et mélanger avec la viande ; assaisonner avec du sel.

c) Couvrir la cocotte avec un couvercle ou un morceau de papier d'aluminium et cuire 30 minutes. L'agneau doit être très tendre.

d) Au passage de la cocotte au four, réchauffer le bouillon avec les filaments de safran (pour ramollir) à feu moyen ; réserver.

e) Faites chauffer 2 cuillères à soupe d'huile d'olive dans une casserole à feu moyen, ajoutez le riz et faites revenir 2 à 3 minutes. Ajouter 3 tasses de bouillon chaud au riz et bien mélanger. Laisser mijoter le riz, en remuant de temps en temps, jusqu'à ce qu'il commence à avoir une texture crémeuse.

f) Pour ce faire, ajoutez le vin et le reste du bouillon, petit à petit, en remuant jusqu'à ce que le liquide soit presque absorbé avant d'en rajouter. Le processus prend environ 20 à 25 minutes. Ne pas trop cuire, le riz doit rester légèrement ferme.

g) Incorporer délicatement les asperges et le parmesan. Verser le riz en une couche sur l'agneau et garnir avec les tomates hachées.

h) BOUILLON DE LÉGUMES : Faire mijoter les légumes hachés dans l'eau 1 heure. Filtrer le bouillon et utiliser comme indiqué.

17. Osso buco avec risotto

Rendement : 1 portions

Ingrédient

- 2 jarrets de veau
- 1 tasse de riz arborio
- 2 tasses Merlot
- 1 cuillère à café de zeste de citron
- 1 tasse de bouillon de poulet ou de veau
- ½ tasse d'oignon haché
- 1 gousse d'ail hachée
- ½ tasse d'huile d'olive extra vierge
- 1 tasse de petits pois frais
- 1 carotte moyenne hachée
- ½ cuillère à café de muscade

Les directions:

a) Faire revenir le jarret de veau avec l'oignon, l'ail, la carotte, l'huile d'olive. Lorsqu'il est bien doré, mettre au four à 500 degrés pendant 20 minutes.

b) Retirer du four, placer sur la cuisinière à feu moyen et ajouter le riz. Faire sauter pendant 25 minutes en ajoutant le vin et le bouillon, toujours en remuant. Ajouter le zeste de citron, les pois, le sel et le poivre au goût.

c) Ajouter la noix de muscade et mettre au four pendant 15 minutes.

18. Filet de boeuf & risotto aux poireaux

Rendement : 2 portions

Ingrédients:

- 2 8 oz de filet de boeuf
- 50 grammes de riz arborio
- 100 grammes de persil frais
- ½ petit poireau
- 2 onces de boudin noir
- 40 grammes de fromage Wedmore fumé
- 20 grammes de persil
- 1 Filet d'anchois en conserve
- 1 cuillère à soupe de pignons de pin; grillé
- 2 gousses d'ail ; haché
- ½ oignon rouge; haché
- ½ bouteille de vin rouge
- 500 millilitres de bouillon de bœuf frais
- ½ Carotte; haché petit
- ½ poivron rouge; haché petit

- 15 grammes de persil plat
- Vinaigre balsamique
- Beurre
- huile d'olive vierge
- Sel gemme et poivre noir fraîchement moulu

Les directions:

a) Réalisez d'abord le risotto en faisant revenir la moitié de l'oignon et de l'ail dans une sauteuse avec un peu de beurre et faites cuire environ 30 secondes sans coloration.

b) Ajoutez ensuite le riz et laissez cuire encore 30 secondes puis ajoutez 250 ml de bouillon et portez à ébullition. Couper le poireau en petits dés et l'ajouter à la poêle et laisser mijoter environ 13 minutes pour cuire le riz.

c) Pour faire le pesto qui doit être assez épais, ajouter le persil, la gousse d'ail, l'anchois, les pignons de pin et un peu d'huile d'olive dans un mélangeur et réduire en purée au pesto et laisser de côté.

d) Chauffez ensuite une sauteuse et assaisonnez le filet et faites sceller dans la poêle en assaisonnant bien dans un peu d'huile. Déglacer la poêle avec le vin rouge et le bouillon, porter à ébullition et laisser mijoter doucement pendant 5 minutes puis retirer le steak. Monter le feu et réduire jusqu'à ce qu'il épaississe légèrement, terminer la sauce avec une noix de beurre et l'assaisonnement.

e) Pour servir, ajouter le boudin noir pelé et coupé en dés au risotto et le fromage fumé, le persil plat haché et bien assaisonner. Placez-le au milieu de chaque assiette avec le steak sur le dessus.

f) Garnir d'une cuillère à soupe de pesto de persil et servir avec la sauce sur le pourtour et saupoudrer de petits dés de légumes.

19. Risotto au poulet avec chou frisé

Pour 6 personnes

Ingrédients:

- beurre 2 cuillères à soupe
- huile de colza 1 cuillère à soupe
- cuisses de poulet 6
- farine ordinaire 2 cuillères à soupe
- masse moulue ½ cuillères à café
- oignons 2, coupés en dés
- ail 2 gousses écrasées
- orge perlé 300g
- bouillon de poulet 1.2l
- fèves écossées 350g (double gousse si vous aimez)
- chou frisé 30g, haché grossièrement
- citrons 1, zestés et pressés
- crème fraîche 75g + 6 cuillères à soupe
- paprika doux fumé quelques pincées

Les directions:

a) Faire chauffer la moitié du beurre et l'huile dans une cocotte ou une sauteuse. Mélanger les cuisses de poulet dans la farine et le macis moulu pour les enrober, puis les faire frire à feu moyen jusqu'à ce qu'elles soient dorées et croustillantes des deux côtés.

b) Soulevez sur une assiette et versez les oignons, l'ail et les dernières cuillères à soupe de beurre dans la poêle et faites-les frire jusqu'à ce qu'ils soient tendres.

c) Lorsque l'oignon est bien tendre, remettre les cuisses de poulet avec le jus, l'orge et le bouillon. Laisser mijoter doucement pendant environ 40 minutes, en remuant de temps en temps, jusqu'à ce que l'orge soit presque tendre et que la majeure partie du bouillon soit absorbée. S'il devient sec pendant la cuisson, ajoutez un peu plus de bouillon.

d) Incorporer les fèves, le chou frisé, le jus et le zeste de citron et l'assaisonnement à l'orge, baisser le feu et couvrir avec un couvercle ou une plaque à pâtisserie. Pendant ce temps, écorcher les cuisses de poulet et déchiqueter la viande des os à l'aide de quelques fourchettes. Remuez le poulet dans l'orge avec 75 g de crème fraîche et vérifiez que les haricots et l'orge sont tendres.

e) Verser l'orge dans 6 bols de service peu profonds. Garnir chacun d'une cuillère de plus de crème fraîche tachetée d'une pincée de paprika et parsemée de zeste de citron.

20. Risotto de courge au canard

Rendement : 4 portions

Ingrédients

- 1 grosse courge poivrée
- 2 cuillères à soupe d'huile d'olive
- 2 cuillères à soupe d'échalotes hachées
- 2 tasses de riz arborio
- 3 tasses de fond de canard
- 1 tasse de viande de canard cuite; couper 1 pièces
- 1 cuillère à soupe de sauge fraîche hachée
- 1 cuillère à soupe de beurre
- 2 cuillères à soupe de crème épaisse
- ¼ tasse de parmesan frais râpé
- 1 sel; goûter
- 1 poivre noir fraîchement moulu; goûter

Les directions:

a) Préchauffer le four à 400 degrés. Coupez la courge en deux au milieu, retirez les graines.

b) Graisser une plaque à pâtisserie avec 1 cuillère à café d'huile d'olive et déposer la courge, côté coupé vers le bas, sur la plaque à pâtisserie.

c) Cuire au four pendant 20 minutes, ou jusqu'à tendreté. Laisser refroidir, puis peler et couper la chair en cubes de 1 pouce.

d) Dans une casserole, faire chauffer le reste d'huile, ajouter les échalotes et cuire 3 minutes.

e) Incorporer le riz et faire revenir en remuant pendant 1 minute. Incorporer le bouillon, 1 cuillère à café de sel et une pincée de poivre et porter à ébullition.

f) Réduire le feu à moyen et laisser mijoter jusqu'à ce que le riz soit tendre environ 18 minutes.

g) Incorporer la courge, le canard, la sauge, la crème, le fromage et le beurre et laisser mijoter 2 à 3 minutes.

21. Risotto de poulet au parmesan

Pour 4 personnes

Ingrédients:

- huile d'olive 1 cuillère à soupe
- lardons fumés ou cubes de pancetta 100g
- beurre 2 cuillères à soupe
- 1 gros oignon finement coupé en dés
- cuisses de poulet sans peau et désossées 4-6, coupées en quatre
- bouillon de poulet 1,5 litre
- ail 2 gousses écrasées
- riz à risotto 300g
- vin blanc sec 150ml
- parmesan 50g, finement râpé
- persil plat ½ petit bouquet finement haché

Les directions:

a) Chauffez l'huile dans une grande poêle profonde à feu moyen-élevé et faites frire le bacon pendant 5 à 6 minutes jusqu'à ce qu'il soit doré et croustillant.

b) Débarrassez sur une assiette. Réduire le feu à moyen et ajouter 1 cuillère à soupe de beurre dans la poêle, mélanger avec la graisse et l'huile de bacon et incorporer l'oignon. Frire pendant 10-15 minutes jusqu'à ce qu'ils soient très doux et translucides.

c) Incorporer les morceaux de poulet et faire frire pendant encore 6 à 8 minutes jusqu'à ce qu'ils soient saisis de partout et qu'ils deviennent légèrement dorés. Ajouter l'ail et faire revenir une minute de plus.

d) Pendant que le poulet et l'oignon cuisent, versez le bouillon dans une grande casserole et portez à ébullition douce, puis baissez le feu et maintenez au chaud sur le dos de la plaque de cuisson. Saupoudrer le riz sur le poulet et remuer pour enrober le riz d'huile et de beurre. Cuire 2-3 minutes, puis verser le vin.

e) Remuer jusqu'à ce qu'il soit presque entièrement absorbé, puis ajouter le bouillon chaud, une louche à la fois, en remuant continuellement. Attendez que chaque louche de bouillon soit absorbée avant d'ajouter la suivante.

f) Continuez à ajouter le bouillon jusqu'à ce que le riz soit tendre avec un peu de bouchée, environ 20 minutes.

g) Retirer le risotto du feu et incorporer le parmesan, le bacon cuit, le persil et la cuillère à soupe de beurre restante.

h) Couvrir et laisser reposer 5 minutes avant de servir.

22. Risotto d'orge au poulet

Rendement : 6 portions

Ingrédients

- 1 cuillère à soupe d'huile d'olive
- ¾ tasse de carotte ; en dés
- 2 cuillères à soupe Basilic frais; haché
- ¾ tasse de céleri ; haché
- ¾ tasse d'oignon vert; haché
- ½ cuillère à café de sel
- ¼ cuillère à café de poivre
- 1 livre de poitrines de poulet désossées et sans peau
- ½ livre de cuisses de poulet désossées et sans peau
- 1¾ tasse d'orge perlé; environ 12 onces
- 5 tasses de bouillon de poulet
- ⅓ tasse de persil ; haché
- ¼ tasse de parmesan frais; râpé

Les directions:

a) Couper la viande de poulet en lanières de $\frac{1}{4}$ de pouce.

b) Chauffer l'huile dans un faitout à feu moyen-vif. Ajouter la carotte et le basilic; faire revenir 1 minute. Ajouter le céleri, l'oignon vert et l'oignon; faire revenir 1 minute. Ajouter le sel, le poivre et le poulet; faire sauter 5 minutes. Ajouter l'orge; faire revenir 1 minute.

c) Ajouter le bouillon; porter à ébullition. Couvrir, réduire le feu et laisser mijoter 40 minutes.

d) Retirer du feu. Incorporer le persil et le fromage.

23. Risotto au riz sale

Rendement : 1

Ingrédients

- Cous et ailes de canard ou de poulet
- Gésiers et cœur ; hacher
- Huile d'olive
- $\frac{1}{2}$ oignon ; hacher
- 1 côte de céleri ; tranche
- 1 Poivron rouge; hacher
- 1 cuillère à soupe d'ail; hacher
- 1 tasse de riz soufflé
- 2 tasses de bouillon; ou autant que nécessaire
- Sel et poivre
- 1 botte Oignons verts; hacher

Les directions:

a) Faire revenir le cou et les ailes de canard dans une poêle dans l'huile. Ajouter les gésiers et le cœur. Faire revenir avec l'oignon, le céleri, le poivron, l'ail et le riz; en remuant constamment.

b) Faire sauter le riz pendant 20 secondes, ajouter 1 tasse de bouillon et remuer constamment jusqu'à ce qu'il soit absorbé.

c) Ajouter 1 tasse de bouillon de plus et remuer jusqu'à absorption. Continuez à ajouter du bouillon, si nécessaire, jusqu'à ce que le riz soit cuit. Assaisonnez avec du sel et du poivre.

d) Terminer avec les oignons verts.

24. Risotto de foies de canard

Rendement : 1 portions

Ingrédients:

- 30 grammes de pignons de pin
- Foies de 2 canards
- Du lait; pour le trempage
- Sel et poivre noir moulu
- 1 oignon
- 2 grosses gousses d'ail
- 5 cuillères à soupe d'huile d'olive extra vierge
- 225 grammes de riz arborio ou risotto
- Bonne pincée d'étamines de safran
- 1 Poivron jaune
- $1\frac{1}{8}$ litre de fond de canard
- 4 tiges origan ou marjolaine dorée
- 24 olives vertes; (24 à 30)
- 15 grammes Beurre non salé
- 2 cuillères à soupe Madère

- 2 cuillères à soupe de ciboulette fraîche; haché

Les directions:

a) Faire griller les pignons de pin sous un gril chaud ou dans une poêle sèche jusqu'à ce qu'ils soient dorés.

b) Couper les foies en enlevant les morceaux verts. faire tremper dans un peu de lait pendant 15 minutes pour éliminer toute trace d'amertume. Rincez à l'eau froide et séchez. Couper en deux et assaisonner légèrement.

c) Éplucher et hacher finement l'oignon. Éplucher et écraser l'ail. Chauffer l'huile d'olive dans une grande poêle à frire ou une poêle à risotto, ajouter l'oignon et l'ail et cuire jusqu'à ce qu'ils soient tendres.

d) Ajouter le riz et le safran. Bien mélanger jusqu'à ce que le riz soit bien enrobé et ait absorbé l'huile. Assaisonner légèrement.

e) Couper le poivron en deux, retirer le cœur, les pépins et la membrane. Couper finement la chair. Ajouter à la poêle.

f) Ajouter progressivement la moitié du bouillon. Faire bouillir. Réduire le feu à feu doux et cuire jusqu'à ce que le riz soit presque cuit. Continuez à ajouter un peu plus de bouillon, en secouant fréquemment la casserole.

g) Détachez les feuilles d'origan ou de marjolaine et hachez-les. Ajouter à la poêle avec les olives et les tomates séchées après que le riz ait cuit pendant 10 minutes. Ajouter les pignons de pin grillés après 2 ou 3 minutes supplémentaires.

h) Faire fondre le beurre dans une poêle bien chaude. Frire vivement les foies de tous côtés en les retournant fréquemment. Assurez-vous qu'ils sont cuits mais encore bien rosés au milieu. Ajouter Madère à la poêle et gratter tout résidu de viande dedans.

i) Assaisonner le risotto au goût et ajouter la ciboulette ciselée.

j) Servir le risotto avec les foies empilés dessus. Versez le jus de foie dessus et laissez-le se mélanger au riz.

25. Risotto aux légumes

Pour 2

Ingrédients:

- bouillon de légumes 900ml
- asperges 125g, pointes coupées en 2-3 morceaux
- beurre 25g
- huile d'olive 1 cuillère à soupe
- oignon 1, haché finement
- riz à risotto 150g
- petits pois (frais ou surgelés) 75g
- bébés épinards 50g, hachés
- pecorino 40g, finement râpé, plus extra pour servir
- ciboulette hachée pour faire 1 cuillère à soupe
- menthe hachée pour faire 1 cuillère à soupe
- citron 1, zesté

Les directions:

a) Faire chauffer le bouillon dans une casserole jusqu'à frémissement. Blanchir les asperges dans le bouillon pendant 30 secondes puis évider avec une écumoire et égoutter.

b) Faites fondre une noisette de beurre avec l'huile d'olive dans une grande poêle à frire profonde, puis faites cuire l'oignon pendant 8 à 10 minutes ou jusqu'à ce qu'il soit ramolli. Ajouter le riz et poursuivre la cuisson et remuer pendant quelques minutes jusqu'à ce que le riz soit brillant.

c) Ajouter le bouillon une louche à la fois, en remuant, jusqu'à ce que le riz soit juste tendre (il doit avoir une bouchée mais pas du tout crayeux). Ajouter tous les légumes, y compris les asperges blanchies, et cuire 1 minute.

d) Incorporer le reste du beurre, le pecorino, les herbes et le zeste de citron, assaisonner et mettre un couvercle. Laisser reposer hors du feu pendant 3 minutes puis servir dans des bols chauds avec du fromage supplémentaire, si vous le souhaitez.

26. Risotto au cheddar et oignons nouveaux

Pour 2

Ingrédients:

- beurre 25g
- oignons nouveaux 6, hachés
- riz à risotto 150g
- un peu de vin blanc (facultatif)
- bouillon de légumes ou de poulet 750ml
- Moutarde de Dijon ½ cuillères à café
- cheddar affiné 100g, râpé
- TOMATES BALSAMIQUES
- huile d'olive 1 cuillère à soupe
- tomates cerises 100g
- vinaigre balsamique un filet
- basilic un petit bouquet, haché

Les directions:

a) Faire fondre le beurre dans une large casserole peu profonde. Cuire les oignons de printemps pendant 4 à 5 minutes ou jusqu'à ce qu'ils soient tendres. Ajouter le riz et cuire, en remuant, pendant quelques minutes. Ajouter le vin, le cas échéant, et faire bouillir jusqu'à ce qu'il soit absorbé.

b) Incorporer progressivement le bouillon petit à petit, en attendant à nouveau qu'il soit absorbé avant d'en rajouter. Répétez jusqu'à ce que le riz soit crémeux, gluant et tendre (vous n'aurez peut-être pas besoin d'utiliser tout le bouillon, ou vous devrez peut-être en ajouter un peu plus si le mélange est trop épais).

c) Pendant ce temps, faites chauffer l'huile d'olive dans une petite casserole séparée à feu moyen-élevé et faites cuire les tomates avec beaucoup d'assaisonnement jusqu'à ce qu'elles commencent tout juste à éclater.

d) Incorporer la moutarde et le fromage dans le risotto, et assaisonner avec du poivre et un peu de sel si nécessaire. Verser dans des bols chauds et garnir avec les tomates, un filet de vinaigre balsamique et un peu de basilic.

27. Risotto à la betterave

Pour 4 personnes

Ingrédients:

- beurre 50g
- oignon 1, haché finement
- riz à risotto 250g
- vin blanc 150ml
- bouillon de légumes 1 litre, chaud
- Betteraves cuites pack 300g
- citron 1, zesté et pressé
- persil plat un petit bouquet, haché grossièrement
- chèvre frais 125g
- noix une poignée, grillées et hachées

Les directions:

a) Faire fondre le beurre dans une poêle profonde et faire revenir l'oignon avec un peu d'assaisonnement pendant 10 minutes jusqu'à ce qu'il soit tendre. Versez le riz et remuez jusqu'à ce que chaque grain soit enrobé, puis versez le vin et faites bouillir pendant 5 minutes.

b) Ajouter le bouillon une louche à la fois, tout en remuant, en n'en rajoutant qu'une fois le lot précédent absorbé.

c) Pendant ce temps, prenez 1/2 de la betterave et passez-la dans un petit mélangeur jusqu'à consistance lisse et hachez le reste.

d) Une fois le riz cuit, incorporer les betteraves fouettées et hachées, le zeste et le jus de citron et la majeure partie du persil. Répartir dans les assiettes et garnir d'un émiettement de fromage de chèvre, des noix et du persil restant.

28. Risotto aux courgettes

Pour 2-3 personnes

Ingrédients:

- bouillon de légumes ou de poulet 900ml
- beurre 30g
- petites courgettes 200g (environ 5-6), coupées en tranches épaisses en diagonale
- huile d'olive 2 cuillères à soupe
- échalotes 1 longue ou 2 rondes, hachées finement
- ail 1 gousse, écrasée
- riz à risotto 150g
- vin blanc sec un petit verre
- menthe une poignée de feuilles, hachées
- citron ½, zesté et pressé
- parmesan 30g, finement râpé, plus extra pour servir

Les directions:

a) Réserver le bouillon dans une casserole à feu doux.

b) Faire fondre la moitié du beurre dans une poêle profonde et large. Faire frire les courgettes avec un peu d'assaisonnement des deux côtés jusqu'à ce qu'elles soient légèrement dorées. Vider et égoutter sur du papier absorbant. Essuyez la poêle.

c) Faites chauffer 2 cuillères à soupe d'huile d'olive dans la même poêle, puis faites cuire doucement les échalotes et l'ail pendant 6 à 8 minutes ou jusqu'à ce qu'ils commencent à ramollir. Incorporer le riz et faire chauffer pendant une minute.

d) Verser le vin et faire bouillir en remuant jusqu'à évaporation. Ajouter le bouillon une louche à la fois, en laissant le liquide s'absorber avant d'en rajouter. Continuez à ajouter du bouillon jusqu'à ce que le riz soit tendre avec un tout petit peu de bouchée.

e) Incorporez les courgettes et laissez-les chauffer pendant une minute. Ajouter la menthe et incorporer au riz avec le jus et le zeste de citron, le parmesan, le beurre restant et une dernière louche de bouillon. Le risotto doit être crémeux et visqueux plutôt que raide, alors ajoutez du bouillon supplémentaire en conséquence.

f) Mettez un couvercle et laissez reposer quelques minutes, puis servez dans des bols chauds avec du fromage supplémentaire, si vous le souhaitez.

29. Risotto vert aux légumes

Pour 6 personnes

Ingrédients:

- huile d'olive
- oignon 1/2, finement haché
- 1 branche de céleri, finement coupée en dés
- riz à risotto 400g
- vin blanc 125ml
- bouillon de poulet 1 litre, chaud
- épinards 100g
- fèves 75g, blanchies et écossées
- petits pois surgelés 75g
- parmesan 50g, finement râpé
- crème fraîche 3 cuillères à soupe
- citron 1, zesté et un filet de jus
- micro cresson pour servir

Les directions:

a) Faites chauffer 3 cuillères à soupe d'huile dans une poêle et ajoutez l'oignon et le céleri avec un peu de sel. Frire pendant 5 minutes jusqu'à ce qu'il soit translucide. Ajouter le riz à risotto et bien mélanger, en veillant à ce que chaque grain soit enrobé d'huile.

b) Versez le vin et laissez-le bouillonner jusqu'à ce qu'il soit presque entièrement évaporé. Ajouter le bouillon une louche à la fois, en remuant constamment, en n'ajoutant plus de bouillon qu'une fois la dernière louche absorbée.

c) Dans un robot culinaire, ajouter les épinards et 2 cuillères à soupe d'eau chaude et réduire en purée. Une fois le riz presque cuit, incorporer la purée, les fèves et les petits pois. Cuire encore 5 minutes en remuant régulièrement.

d) Une fois le riz et les légumes cuits, incorporer le parmesan, la crème fraîche, le zeste et le jus de citron, assaisonner et garnir de micro cresson.

30. Risotto à l'ail avec cailles

Pour 4 personnes

Ingrédients:

- 1/2 petit céleri-rave coupé en dés de 1 cm
- huile d'olive
- ail 1 bulbe, gousses pelées
- romarin 1 branche
- 1 échalote, finement hachée
- poireau 1, coupé en petits dés
- feuilles de thym 1 cuillère à café
- beurre 100g
- riz à risotto 400g
- huile végétale
- bouillon de poulet 1,5 litre
- Fromage Pecorino 80g, finement râpé
- persil plat une petite poignée, haché
- cailles 4, nettoyées et enrobées

Les directions:

a) Chauffez le four à 180C/chaleur tournante 160C/gaz 4. Mettez les dés de céleri-rave sur une plaque allant au four. Assaisonner et arroser d'un peu d'huile végétale. Rôtir pendant 15 minutes ou jusqu'à ce qu'ils soient tendres et dorés.

b) Pendant ce temps, mettez l'ail, le romarin et 100 ml d'huile d'olive dans une petite casserole (pour que l'ail soit immergé, ajoutez plus d'huile si nécessaire) et chauffez doucement pendant 10 minutes, ou jusqu'à ce que l'ail soit tendre et légèrement doré.

c) Retirer et refroidir l'huile. Vous pouvez utiliser l'huile d'ail restante pour cuisiner, mais conservez-la au réfrigérateur et utilisez-la dans la semaine.

d) Faire revenir l'échalote, le poireau et le thym avec 50 g de beurre et 50 ml d'huile d'olive. Saison. Lorsque les légumes sont tendres, ajouter le riz et remuer jusqu'à ce que tous les grains soient enrobés.

e) Chauffez doucement pendant 1 minute pour casser le riz (cela permet une absorption plus facile).

f) Ajouter 500 ml de bouillon au risotto et remuer jusqu'à ce qu'il soit entièrement absorbé. Répétez encore 2 fois. Cela devrait prendre environ 20 minutes. Ajouter plus de bouillon si nécessaire, pour obtenir une consistance crémeuse.

g) Retirer du feu lorsque le riz est tendre, ajouter le céleri-rave, le reste du beurre, le fromage et le persil et assaisonner. Couvrir avec un couvercle et laisser reposer.

h) Allumez le four à 200 C/ventilateur 180 C/gaz 6. Faites chauffer une poêle à frire à feu moyen. Huilez et assaisonnez les cailles, puis posez les volailles côté peau sur la plaque chauffante pendant 4 minutes jusqu'à ce qu'elles soient dorées et carbonisées.

i) Retourner et cuire encore 2 minutes. Transférer sur une plaque à pâtisserie et rôtir pendant 10 à 15 minutes jusqu'à ce qu'ils soient bien cuits et que le jus soit clair. Laisser reposer 2 minutes sous papier d'aluminium. Répartir le risotto dans des assiettes chaudes.

j) Couper la caille en deux le long du dos et déposer le risotto. Avec le dos d'un couteau, écrasez l'ail confit et parsemez-le.

31. Risotto aux artichauts

Rendement : 1 portions

Ingrédient

- 2 artichauts globe
- 2 cuillères à soupe de beurre
- 1 citron
- 2 cuillères à soupe d'huile d'olive
- 1 champignon portobello
- 2½ tasse de bouillon de poulet; ou autre
- 1 petit oignon ; haché
- 1 verre de vin blanc sec
- 2 gousses d'ail ; haché
- Sel et poivre; goûter
- 1 tasse de riz arborio
- ½ tasse de parmesan; râpé
- 1 cuillère à soupe de persil; haché

Les directions:

a) Pressez ½ citron dans un petit bol et ajoutez suffisamment d'eau pour couvrir l'artichaut.

b) Couper le champignon en quartiers.

c) Emincez les champignons très très finement.

d) Incorporer les artichauts réservés, les champignons tranchés et le persil.

e) Four micro onde.

32. Risotto au safran

Pour 4 personnes

Ingrédients:

- beurre 100g, frais et coupé en dés
- 1 petit oignon finement haché
- bouillon de poulet 1,25 litre
- riz arborio 200g
- vin blanc sec 75ml
- ½ cuillères à café de safran (recherchez des fils longs de bonne qualité)
- parmesan 75g, finement râpé
- poivre blanc moulu
- ciboulette une poignée de ciboulette

Les directions:

a) Faites fondre 50 g de beurre dans une poêle profonde à fond épais et à couvercle, puis faites cuire doucement l'oignon pendant 10 minutes jusqu'à ce qu'il soit ramolli mais non coloré.

b) Portez le bouillon à ébullition dans une autre casserole, puis baissez le feu pour laisser mijoter.

c) Ajouter le riz au beurre et cuire, en remuant, pendant 3-4 minutes pour enrober le riz et faire griller les grains. Versez le vin puis bouillonnez jusqu'à ce qu'il soit complètement absorbé avant d'incorporer le safran.

d) Ajouter le bouillon une ou deux louches à la fois, en remuant le riz du fond de la casserole au fur et à mesure. Lorsque chaque louche de bouillon est absorbée, ajouter la louche suivante.

e) Continuez ainsi pendant environ 15 minutes. Le risotto est prêt lorsque les grains sont tendres et ont perdu leur caractère crayeux, mais qu'ils ont encore un peu de mordant (vous n'aurez peut-être pas besoin de tout le bouillon).

f) Incorporer le reste du beurre et le parmesan, assaisonner de poivre blanc. Mettre un couvercle et laisser reposer le risotto pendant 2 minutes, puis servir dans des bols chauds avec un peu de ciboulette.

33. Risotto d'orzo au cavolo nero

Pour 2

Ingrédients:

- huile d'olive extra vierge 2 cuillères à café
- ½ oignon, finement haché
- ail 2 gousses, tranchées
- flocons de piment séché ½ cuillères à café
- pâtes orzo 150g
- bouillon de légumes 450 ml, chaud
- cavolo nero 100g, tiges retirées et coupées en longs morceaux
- petits pois surgelés 100g
- fromage à pâte molle 1 cuillère à soupe
- parmesan végétarien 15g, finement râpé, plus un peu plus pour servir (facultatif)

Les directions:

a) Faites chauffer l'huile d'olive dans une poêle et ajoutez l'oignon, l'ail, les flocons de piment et une pincée de sel.

b) Cuire doucement pendant 5 minutes ou jusqu'à tendreté. Versez les pâtes et remuez pour que chaque morceau soit enrobé d'huile.

c) Ajouter le bouillon de légumes une louche à la fois, en remuant entre les deux et en rajoutant une fois absorbé. Au bout de 5 minutes, ajouter le cavolo nero.

d) Cuire encore 5 minutes et, une fois que l'orzo et le cavolo nero sont tendres, ajouter les petits pois et un peu d'assaisonnement pendant 2 minutes.

e) Incorporer le fromage à pâte molle et le parmesan, et servir avec un peu de parmesan supplémentaire, si vous le souhaitez.

34. Mélange pour risotto au boulgour

Rendement : 1 portions

Ingrédients

- 1 cuillère à soupe d'oignon émincé séché
- 3 cubes de bouillon de poulet, émiettés
- 1 cuillère à café de cerfeuil séché
- 1 cuillère à café de thym séché
- $\frac{1}{4}$ cuillère à café de poivre noir
- $1\frac{1}{2}$ tasse de boulgour de blé concassé RISOTTO :
- $2\frac{1}{2}$ tasse d'eau
- 2 cuillères à soupe de beurre
- 1 paquet de mélange pour risotto

Les directions:

a) Mélanger : Mélanger et conserver dans un contenant hermétique.

b) Risotto au boulgour : Préchauffer le four à 350. Porter à ébullition l'eau et le beurre. Ajouter le mélange pour risotto et cuire, en remuant, 5 minutes. Couvrir et cuire 25 minutes. 6 portions

35. Risotto aux légumes d'automne

Rendement : 6 portions

Ingrédients

- 2 livres de courge musquée
- 3 tasses de bouillon de poulet sans gras faible en sel
- Sel et poivre
- 3 poireaux moyens; dés, partie blanche et vert d'un pouce
- $1\frac{1}{2}$ cuillère à soupe d'huile d'olive extra vierge
- $1\frac{1}{2}$ tasse de riz arborio
- 3 gousses d'ail ; haché
- 2 cuillères à soupe de persil plat frais haché
- 1 cuillère à café de thym frais haché
- $\frac{1}{2}$ cuillère à café de romarin frais haché
- $\frac{1}{2}$ cuillère à café de sauge fraîche hachée
- $\frac{1}{8}$ cuillère à café de noix de muscade fraîchement râpée
- 1 cuillère à café de zeste d'orange râpé
- $\frac{1}{2}$ orange ; jus
- 3 cuillères à soupe de noix de pécan ; grillé et haché

- ½ tasse de parmigiano-reggiano fraîchement râpé

Les directions:

a) Couper la courge en deux dans le sens de la longueur, puis évider et jeter les graines. Peler et couper en morceaux de ½ pouce.

b) Dans une casserole de taille moyenne à feu vif, porter le bouillon et 3 tasses d'eau à ébullition. Ajouter la courge et laisser mijoter jusqu'à ce qu'elle soit presque tendre, 2 à 3 minutes. Retirer la courge et assaisonner de sel et de poivre, puis réserver. Réserver le bouillon à part.

c) Placer les poireaux et les pointes dans une grande poêle à frire. Couvrir et laisser mijoter jusqu'à ce que les poireaux soient tendres, environ 12 minutes, en ajoutant plus d'eau si elle s'évapore.

d) Réserver les poireaux et ajouter le liquide de cuisson au bouillon réservé.

e) Bouillon chaud à feu doux sur un brûleur arrière. Faire chauffer l'huile d'olive dans une grande poêle à feu moyen. Ajouter le riz et cuire, en remuant constamment, 2 à 3 minutes. À l'aide d'une louche, ajouter environ ¾ de tasse de bouillon et remuer pour libérer le riz du fond et des côtés de la casserole.

f) Lorsque le riz a absorbé la première addition de bouillon, ajouter une autre louche de bouillon. Remuez souvent pour empêcher le riz de coller, en ajoutant plus de bouillon une louche à la fois pour garder les grains humides.

g) Après 10 minutes d'ajout de bouillon et d'agitation, ajouter les poireaux, l'ail. et les 7 ingrédients suivants (dans le jus) et continuez à remuer.

h) Continuer à ajouter du bouillon jusqu'à ce que le riz soit fondu sans centre crayeux (mais toujours ferme), 18 à 22 minutes. Si vous manquez de bouillon, ajoutez de l'eau chaude.

i) Lorsque le riz est juste tendre, ajouter une louche supplémentaire de bouillon ou d'eau et la courge réservée. Retirer la casserole du feu, couvrir et laisser reposer 5 minutes. Assaisonnez avec du sel et du poivre.

j) Pour servir, placez le risotto dans un bol et garnissez de pacanes et de fromage.

36. Risotto de fenouil aux pistaches

Rendement : 6 portions

Ingrédients

- 2 tasses de bouillon de poulet, combiné avec
- 1 tasse d'eau
- 1 cuillère à soupe de beurre ou de margarine
- 2 cuillères à soupe d'huile d'olive
- 1 tasse d'oignon finement haché
- 1 bulbe de fenouil moyen
- 1 poivron rouge moyen, haché
- 2 gousses d'ail moyennes, hachées
- 1½ tasse de riz arborio
- ⅓ tasse de pistaches décortiquées, hachées
- Poivre noir fraîchement moulu
- ¼ tasse de parmesan râpé

Les directions:

a) Chauffer le mélange bouillon-eau à feu moyen-doux. Garder au chaud.

b) Dans une grande poêle, de préférence antiadhésive, ou une grande casserole, chauffer le beurre et l'huile à feu moyen jusqu'à ce qu'ils soient chauds. Ajouter l'oignon, le fenouil et le poivron rouge; faire sauter 5 minutes. Ajouter l'ail et faire sauter une minute supplémentaire.

c) Incorporer le riz et cuire en remuant 2 minutes. Commencez lentement à ajouter le liquide, environ une louche à la fois. Cuire, couvert, à feu moyen-doux, 10 minutes, en remuant de temps en temps.

d) Ajouter le liquide lentement et remuer souvent. Attendre que le liquide soit absorbé à chaque fois avant d'ajouter la louche suivante. Recommencer la cuisson, à couvert, 10 minutes.

e) Découvrir et continuer à ajouter le liquide et à remuer souvent. Le risotto doit cuire environ 30 minutes. Le risotto fini doit être crémeux, avec un peu de mâche au centre du riz.

f) Ajouter les pistaches, le poivre et le parmesan au risotto fini, en remuant jusqu'à homogénéité.

37. Risotto aux épinards et au tofu

Rendement : 4 portions

Ingrédients

- 8 onces de tofu, égoutté
- 1 oignon moyen ; haché (1/2 tasse)
- 1 gousse d'ail; haché
- 2 cuillères à soupe d'huile végétale
- $14\frac{1}{2}$ onces de tomates, italiennes, en conserve ; haché
- 1 cuillère à café d'origan; séché; écrasé
- 2 tasses de riz brun ; cuit
- 10 onces d'épinards, congelés, hachés ; décongelé et égoutté
- 1 cuillère à soupe de graines de sésame; grillé

Les directions:

a) Placer le tofu dans le récipient du mélangeur. Couverture; Mélanger jusqu'à consistance lisse.

b) Dans une grande casserole, faire revenir l'oignon et l'ail dans l'huile chaude jusqu'à ce que l'oignon soit tendre.

Ajouter les tomates non égouttées et l'origan. Porter à ébullition; baisser la température.

c) Laisser mijoter, à découvert, environ 3 minutes.

d) Incorporer le tofu, le riz, les épinards, ½ cuillère à café de sel et ¼ cuillère à café de poivre. Répartir le mélange dans 4 casseroles individuelles graissées ou placer tout le mélange dans une casserole graissée de 1½ pinte.

e) Cuire, à découvert, dans un four à 350 degrés pendant 30 minutes ou jusqu'à ce que le tout soit bien chaud. Garnir de graines de sésame.

38. Risotto au miel et orge torréfiée

Rendement : 14 portions

Ingrédients

- 2 échalotes ; haché
- 2 gousses d'ail ; haché
- 2 branches de céleri ; coupé en dés
- 2 cuillères à soupe d'huile d'olive
- 1 cuillère à soupe de beurre
- $\frac{1}{4}$ tasse de riz Arborio; (Risotto)
- $3\frac{1}{2}$ pinte de soupe de courge musquée rôtie
- $\frac{1}{4}$ tasse d'orge ; grillé, cuit
- $\frac{1}{4}$ tasse de courge musquée; en petits dés
- $\frac{1}{4}$ tasse de fromage Romano; râpé
- Sel et poivre noir

Les directions:

a) Dans une casserole à feu moyen, faire sauter les échalotes, l'ail et le céleri dans l'huile et le beurre jusqu'à ce qu'ils soient tendres. Ajouter le riz en remuant pour bien l'enrober. Ne laissez pas les grains brunir.

b) Ajouter $3\frac{1}{2}$ tasses de soupe par petites quantités, en remuant continuellement.

c) Ajouter l'orge et la courge. Poursuivre la cuisson de la même manière jusqu'à ce que le riz soit tendre mais al dente. Ajouter le fromage. Rectifier l'assaisonnement.

d) Par portion, déposer une cuillerée de risotto au centre d'un bol à soupe. Verser 1 tasse de soupe autour du risotto.

39. Risotto de patates douces aux herbes

Rendement : 1 portions

Ingrédients

- 1 cuillère à soupe d'huile d'olive vierge
- 1 tasse de cubes (1") de patates douces
- 1 tasse de riz arborio
- ½ tasse d'oignons hachés
- 1 cuillère à soupe de sauge fraîche hachée
- 1 cuillère à café de zeste d'orange râpé
- ⅛ cuillère à café de muscade moulue
- 2 tasses de bouillon de poulet dégraissé
- ¼ tasse de jus d'orange
- Sel et poivre noir
- 1 cuillère à soupe de parmesan râpé
- 2 cuillères à soupe de persil italien frais haché

Les directions:

a) Dans un grand bol allant au micro-ondes, chauffer l'huile au micro-ondes pendant 1 minute à puissance élevée.

b) Incorporer les patates douces, le riz, les oignons, la sauge, le zeste d'orange et la muscade.

c) Micro-ondes, à découvert pendant 1 minute. Incorporer 1 ½ tasse de bouillon.

d) Cuire au micro-ondes pendant 10 minutes en remuant une fois à mi-cuisson.

e) Incorporer la ½ tasse de bouillon restant et le jus d'orange. Cuire au micro-ondes pendant 15 minutes en remuant une fois à mi-cuisson.

f) Ajouter du sel et du poivre au goût. Saupoudrer de parmesan et de persil.

40. Risotto au micro-ondes

Rendement : 2 portions

Ingrédients

- 1 cuillère à café de beurre non salé
- 1 cuillère à café d'huile d'olive
- 2 cuillères à soupe d'oignons hachés
- 1 gousse d'ail; haché
- ¼ tasse de riz arborio
- 1 tasse de bouillon de poulet
- ¼ tasse de vin blanc sec
- Sel et poivre; goûter
- 4 onces cuites ; coeurs d'artichauts tranchés
- 4 onces de poivrons en dés cuits et égouttés
- 2 onces de tomates séchées au soleil hachées
- 2 onces de câpres hachées
- Safran; basilic ou autre épice au goût.

Les directions:

a) Chauffer le beurre et l'huile dans un grand bol à soupe, à découvert, au four à micro-ondes à 100 % pendant 2 minutes.

b) Ajouter l'oignon, l'ail et le riz; remuer pour enrober. Cuire, à découvert, à 100% pendant 4 minutes.

c) Ajouter le bouillon, le vin et tous les ingrédients facultatifs Cuire, à découvert, pendant 6 minutes. Bien mélanger et cuire 6 minutes de plus. Surveillez pour vous assurer que le liquide ne cuit pas entièrement.

d) Retirer du micro-ondes. Saler et poivrer et servir chaud.

41. Risotto japonais aux champignons

Rendement : 4 portions

Ingrédients

- $4\frac{1}{2}$ tasse de bouillon de légumes; ou bouillon infusé au miso, sarriette
- 1 cuillère à soupe d'huile d'olive extra vierge
- $\frac{1}{2}$ tasse de riz à sushi rose
- $\frac{1}{2}$ tasse de saké
- Sel casher
- Poivre noir fraîchement moulu
- $\frac{1}{2}$ tasse de champignons Enoki
- $\frac{1}{2}$ tasse d'oignons verts hachés
- $\frac{1}{4}$ tasse de pousses de radis

Les directions:

a) Si vous utilisez le bouillon infusé au miso, mélangez 1 cuillère à soupe de miso avec $4\frac{1}{2}$ tasses d'eau et portez à ébullition. Réduire le feu et laisser mijoter.

b) Dans une grande casserole, chauffer l'huile d'olive à feu moyen-vif. Ajouter le riz, en remuant constamment dans un sens, jusqu'à ce qu'il soit bien enrobé. Retirer la casserole du feu et ajouter le saké.

c) Remettre sur le feu et remuer constamment dans un sens jusqu'à ce que tout le liquide soit absorbé. Ajouter le bouillon ou le bouillon par incréments de ½ tasse, en remuant constamment jusqu'à ce que tout le liquide soit absorbé à chaque ajout.

d) Assaisonnez avec du sel et du poivre. Verser dans des bols de service, garnir avec les champignons, les oignons verts et les pousses et servir.

e) Garnir de champignons enoki délicats, d'oignons verts hachés et de pousses de radis épicées.

42. Risotto balsamique

Rendement : 1 portions

Ingrédients

- 100 grammes de beurre
- ½ oignon
- 1 feuille de laurier
- 1 pincée de romarin séché
- 300 grammes de riz arborio
- 1 tasse de bouillon de légumes
- ½ litre de cabernet ou de barolo
- Parmesan fraîchement râpé
- Vinaigre balsamique

Les directions:

a) Mettez 50 g de beurre, le demi oignon haché, la feuille de laurier et la pincée de romarin dans une cocotte et faites cuire à feu moyen jusqu'à ce que l'oignon soit transparent.

b) Ajouter ensuite le riz et remuer continuellement pendant une minute jusqu'à ce que tout soit bien mélangé. Ajoutez ensuite une "bonne" tasse de bouillon de légumes et portez le tout à ébullition.

c) Ajouter le demi-litre de vin rouge et laisser évaporer l'alcool. Au bout de 15 minutes ajouter le parmesan fraîchement râpé et les 50g de beurre restants.

d) Remuer puis laisser cuire encore une minute.

e) Juste avant de retirer du feu ajouter un petit verre de vinaigre balsamique.

43. Risotto aux bleuets aux cèpes

Rendement : 4 portions

Ingrédients

- 8¾ oz Bolets frais, tranchés
- 1 petit oignon ; haché finement
- ¾ once de beurre
- 5 onces de riz Risotto ; non poli
- 5½ onces de bleuets
- ¼ tasse de vin blanc; sécher
- 1¾ tasse de Bouillon
- ¼ tasse d'huile d'olive
- 1 Branche de thym
- 1 gousse d'ail; en purée
- 2 onces de beurre

Les directions:

a) Dans une casserole faire chauffer le beurre et faire revenir l'oignon. Incorporer le riz et les myrtilles, sauter brièvement. Mouiller avec le vin, cuire jusqu'à absorption; mouiller avec le bouillon et cuire jusqu'à tendreté. Remuer continuellement, si nécessaire ajouter un peu de bouillon. Assaisonnez avec du sel et du poivre.

b) Dans une poêle chauffer l'huile, faire revenir les champignons, l'ail et le thym. Incorporer le beurre au risotto. Transvaser dans des assiettes chaudes et décorer de champignons.

44. Risotto aux carottes et brocolis

Rendement : 4 portions

Ingrédients

- 5 tasses de bouillon de poulet à faible teneur en sodium; ou bouillon de légumes
- 1 cuillère à soupe d'huile d'olive
- 2 carottes entières; finement coupé en dés (1 tasse)
- ½ tasse d'échalotes; haché
- 1 tasse de fenouil; haché finement
- 2 tasses de riz ; (arboricole)
- ¼ tasse de vin blanc sec
- 2 tasses de bouquets de brocoli
- 2 carottes entières; râpé
- 2 cuillères à soupe de parmesan râpé
- 1 cuillère à soupe de jus de citron frais
- 2 cuillères à café de zeste de citron
- 2 cuillères à café de thym frais; haché
- ½ cuillère à café de sel

- Poivre noir fraîchement moulu; goûter

Les directions:

a) Dans une casserole moyenne, porter le bouillon à ébullition. Baisser le feu pour laisser mijoter. Dans une grande casserole large et à fond épais, chauffer l'huile d'olive à feu moyen. Ajouter les carottes et les échalotes coupées en dés et cuire jusqu'à ce que les échalotes commencent à ramollir, environ 6 minutes.

b) Ajouter le fenouil et le riz et cuire, en remuant constamment, jusqu'à ce que le riz soit bien enrobé, 1 à 2 minutes. Ajouter le vin blanc et cuire jusqu'à ce qu'il soit absorbé.

c) Ajouter 1 tasse de bouillon frémissant dans la grande casserole et poursuivre la cuisson en remuant jusqu'à ce que le bouillon soit presque entièrement absorbé. Continuez à ajouter du bouillon, $\frac{1}{2}$ tasse à la fois, en remuant et en cuisant jusqu'à ce que le bouillon soit absorbé et que le riz se détache du côté de la casserole avant chaque ajout.

d) Continuez jusqu'à ce que toutes les tasses sauf 1 et $\frac{1}{2}$ du bouillon aient été absorbées, 15 à 20 minutes.

e) Ajouter le brocoli et les carottes râpées et poursuivre la cuisson et ajouter le bouillon, $\frac{1}{4}$ tasse à la fois, jusqu'à ce que le riz soit crémeux mais ferme au centre. Cela devrait prendre encore 5 à 10 minutes.

f) Retirer du feu, incorporer le parmesan, le jus, le zeste, le thym, le sel, le poivre et servir immédiatement.

45. Risotto aux chanterelles

Rendement : 2 portions

Ingrédients

- 1 petit oignon rouge; haché finement
- 1 gousse d'ail; haché finement
- 8 onces de chanterelles
- 1 cuillère à soupe de feuilles de basilic frais; haché
- 3 onces de beurre
- 2 onces de parmesan frais; râpé (facultatif)
- 6 onces de riz risotto italien
- 5 onces de vin blanc
- 15 onces de bouillon de légumes

Les directions:

a) Dans une grande poêle, faire revenir doucement l'oignon et l'ail dans la moitié du beurre, jusqu'à ce qu'ils soient tendres et dorés. Ajouter le basilic et les chanterelles et cuire quelques minutes.

b) Ajouter le riz, faire revenir pendant une minute en remuant continuellement.

c) Versez le vin et la moitié du bouillon, portez à ébullition, puis couvrez la casserole et laissez mijoter. Vérifiez de temps en temps si le riz sèche, et ajoutez plus de bouillon si c'est le cas.

d) Lorsque le riz est juste cuit, incorporer le reste du beurre et le fromage. Cuire encore quelques minutes en remuant.

e) Servir avec une salade verte et quelques ciabatta.

46. Risotto aux cèpes et truffes

Rendement : 4 portions

Ingrédients:

- 25 grammes de beurre ; (1 once)
- 1 cuillère à soupe d'huile d'olive
- 1 oignon moyen ; haché finement
- 250 grammes de riz pour risotto Arborio ; (8 onces)
- 2 cubes de bouillon de légumes
- 2 paquets de 20 g de cèpes
- 2 cuillères à soupe de fromage Mascarpone
- 1 cuillère à café de crème de truffe
- Sel et poivre noir fraîchement moulu
- copeaux de parmesan

Les directions:

a) Faire chauffer le beurre et l'huile d'olive dans une grande poêle peu profonde, ajouter l'oignon et faire revenir doucement à feu moyen pendant 3-4 minutes. Incorporer le riz et cuire encore une minute en enrobant le riz d'huile.

b) Ajouter petit à petit le bouillon chaud en remuant sans cesse, ajouter du bouillon au fur et à mesure que le bouillon est absorbé. Répétez ce processus jusqu'à ce que tout le bouillon ait été incorporé, cela prendra environ 20 minutes.

c) Incorporer enfin les cèpes et le liquide réservé, le mascarpone, la crème de truffe et assaisonner avec du sel et du poivre noir fraîchement moulu et chauffer encore 1-2 minutes. Servir immédiatement avec des copeaux de parmesan.

47. Risotto Puschlaver

Rendement : 4 portions

Ingrédients:

- 30 grammes de cèpes séchés ou autre champignon
- 100 grammes de beurre
- 1 x oignon, haché fin
- $\frac{1}{8}$ cuillère à café de safran, coupé en petits morceaux
- 1 décilitre de vin rouge
- 350 grammes Riz Risotto (Arborio)
- 8 décilitres de bouillon
- 100 grammes Fromage râpé
- 250 grammes de veau coupé en fines lanières
- 1 décilitre de crème épaisse
- 2 tomates, pelées et coupées en cubes
- 1 bouquet de persil, haché fin

Les directions:

a) Faites tremper les champignons, puis égouttez-les et séchez-les bien. Réserver le liquide de trempage.

b) Faire fondre 40 g de beurre dans une poêle : ajouter l'oignon, les champignons, l'ail et faire sauter rapidement ; puis ajouter le vin rouge et baisser le feu pour qu'il soit en partie absorbé. Ajoutez ensuite le riz et le safran et mélangez bien. Ajouter le bouillon et l'eau des champignons, remuer et réduire le feu à ébullition.

c) Cuire lentement jusqu'à ce que le liquide soit absorbé. Le riz doit être al dente. -- Le beurre et le fromage râpé sont mélangés avec le risotto lorsqu'il est complet.

d) Fariner légèrement le veau et le faire revenir dans plus de beurre; quand c'est fait, baissez le feu et ajoutez la crème en remuant soigneusement. Faites une "boite" au milieu du risotto et versez-y le mélange de veau et de crème.

e) En garniture, faire revenir les tomates et le persil dans le reste du beurre et répartir sur le dessus du risotto.

f) Servir.

48. Risotto au champagne

Rendement : 4 portions

Ingrédients:

- 1 once de champignons séchés
- 3 cuillères à soupe de beurre
- 2 cuillères à soupe d'huile d'olive
- $\frac{1}{4}$ Oignon jaune; hachées grossièrement
- $1\frac{1}{2}$ tasse de riz Arborio italien; cru
- 3 tasses de bouillon de poulet; frais ou en conserve
- 1 tasse de champagne ou de vin blanc sec
- $\frac{1}{2}$ tasse de crème fouettée
- Sel; goûter

Les directions:

a) Faire tremper les champignons dans 1 tasse d'eau chaude jusqu'à ce qu'ils soient tendres, environ 1 heure. Égoutter et utiliser le liquide à d'autres fins, peut-être un bouillon de soupe. N'utilisez pas l'eau de champignons dans le risotto car elle couvrira la saveur de la crème et du vin. Hacher les champignons. Faites chauffer une casserole épaisse de 4 pintes et ajoutez le beurre, l'huile, les oignons et les champignons.

b) Cuire jusqu'à ce que les oignons soient clairs, puis ajouter le riz. Remuez soigneusement pour que chaque grain soit enrobé d'huile. Dans une casserole séparée, porter le bouillon de poulet à ébullition.

c) Ajouter 1 tasse de bouillon au riz, en remuant pour assurer un bon plat crémeux. Continuez à ajouter du bouillon au fur et à mesure qu'il est absorbé. Lorsque le bouillon est absorbé, ajouter le champagne et poursuivre la cuisson en remuant doucement.

d) Lorsque le riz commence à devenir tendre, ajouter la crème et cuire jusqu'à ce que le riz soit tendre mais encore un peu caoutchouteux. Goûtez pour le sel et servez immédiatement.

49. Risotto aux champignons et pecorino

Pour 2

Ingrédients:

- cèpes séchés 25g
- cube de bouillon de légumes 1
- huile d'olive 2 cuillères à soupe
- champignons marrons 200g, en quartiers
- beurre 25g
- 3 échalotes finement hachées
- ail 1 gousse, écrasée
- riz arborio 150g
- vin blanc 1 verre
- épinards 100g, hachés
- pecorino (ou alternative végétarienne) 50g, finement râpé, plus un peu plus pour servir, si vous aimez
- citron 1, zesté

Les directions:

a) Mettez les cèpes dans un petit bol, versez 300 ml d'eau bouillante et laissez tremper 15 minutes.

b) Filtrer le liquide à travers un tamis fin dans une carafe et compléter avec de l'eau bouillante à 600 ml. Émietter le cube de bouillon ou incorporer 1 cuillère à café de bouillon en poudre ou liquide. Hacher grossièrement les cèpes.

c) Faites chauffer 1 cuillère à soupe d'huile d'olive dans une poêle antiadhésive large et peu profonde et ajoutez les champignons châtaignes.

d) Faire frire, en gardant le feu assez élevé, jusqu'à ce que les champignons soient dorés et aient un peu rétréci (cela aidera à concentrer la saveur). Grattez les champignons de la poêle dans un bol et essuyez la poêle.

e) Ajouter 1 cuillère à soupe d'huile et le beurre dans la poêle et cuire les échalotes et l'ail jusqu'à ce qu'ils soient ramollis. Ajouter les cèpes et le riz à risotto et remuer jusqu'à ce qu'ils soient enrobés. Verser le vin et laisser mijoter jusqu'à ce qu'il soit tout absorbé.

f) Ajouter progressivement le liquide du bouillon de cèpes en remuant jusqu'à ce que le riz soit presque tendre, puis ajouter les cèpes.

g) Ajouter le dernier bouillon avec les épinards, le pecorino et le zeste de citron.

h) Retirez du feu, mettez un couvercle et laissez reposer pendant 5 minutes avant de servir dans des bols avec du fromage supplémentaire, si vous le souhaitez.

50. Riz sauvage et risotto aux champignons

Pour 4 personnes

Ingrédients:

- ail 1 bulbe entier
- huile d'olive
- 4 échalotes finement hachées
- vin blanc 125ml
- mélange de riz sauvage 300g
- thym 2 brins, feuilles cueillies
- bouillon de légumes 2 litres, chauffé
- riz arborio 100g
- champignons mélangés 200g, nettoyés et tranchés
- crème fraîche faible en gras 2 cuillères à soupe

Les directions:

a) Chauffez le four à 200°C/ventilateur 180°C/gaz 6. Coupez le haut du bulbe d'ail afin que la plupart des gousses soient exposées.

b) Frottez avec 1 cuillère à café d'huile, assaisonnez, enveloppez bien dans du papier d'aluminium et placez le côté coupé vers le haut sur une plaque à pâtisserie. Rôtir pendant 30 à 40 minutes jusqu'à ce que l'ail soit vraiment tendre lorsque vous le pressez.

c) Faites chauffer 1 cuillère à café d'huile dans une poêle et faites revenir les échalotes jusqu'à ce qu'elles soient tendres. Ajouter le vin et laisser mijoter jusqu'à réduction de moitié, puis incorporer le mélange de riz sauvage et la moitié du thym. Ajouter le bouillon 1/3 à la fois en remuant souvent.

d) Après 20 minutes et environ 2/3 du bouillon incorporé, ajouter l'arborio et cuire encore 20 minutes, ou jusqu'à ce que le riz soit tendre. Ajoutez un peu d'eau si tout le bouillon a été absorbé mais que le riz n'est pas cuit.

e) Faites frire les champignons dans 1 cuillère à café d'huile pendant 5 à 10 minutes jusqu'à ce qu'ils soient dorés et tendres. Assaisonner et ajouter les feuilles de thym restantes.

f) Incorporer les champignons et la crème fraîche au risotto. Pressez les gousses d'ail hors de leur peau et remuez pour servir.

51. Risotto champignons & épinards

Pour 2

Ingrédients:

- cèpes séchés 25g
- beurre 50g
- 1 petit oignon finement haché
- ail 1 gousse, écrasée
- champignons marrons 200g, tranchés
- riz à risotto 150g
- vin blanc un verre
- bouillon de légumes 750 ml, maintenu à ébullition
- épinards 100g, lavés et hachés
- quelques copeaux de parmesan (facultatif)

Les directions:

a) Faire tremper les cèpes dans une tasse d'eau bouillante pendant 10 minutes. Filtrer le liquide à travers un tamis pour enlever tout grain et réserver pour le risotto. Hacher grossièrement les cèpes.

b) Faire chauffer le beurre dans une large casserole peu profonde et faire revenir l'oignon et l'ail jusqu'à ce qu'ils soient tendres. Ajouter les cèpes et cuire 5 minutes, puis ajouter les cèpes et le riz à risotto et remuer jusqu'à ce qu'ils soient bien enrobés.

c) Verser le vin et faire mousser jusqu'à ce qu'il soit entièrement absorbé. Ajouter graduellement le bouillon et le liquide de trempage des cèpes, en remuant jusqu'à ce que le riz soit tendre mais encore un peu croquant (vous n'aurez peut-être pas besoin de tout le bouillon).

d) Incorporer les épinards jusqu'à ce qu'ils soient juste flétris. Servir saupoudré d'un peu de parmesan si vous le souhaitez.

52. Gâteau Risotto Aux Champignons

Pour 8 personnes

Ingrédients:

- huile d'olive
- oignons 2, hachés finement
- ail 3 gousses écrasées
- riz à risotto 350g
- bouillon de légumes 1 litre, chaud
- champignons sauvages 200g
- beurre 25g, plus une noisette
- thym 5 brins
- parmesan ou grana padano (ou alternative végétarienne) 85g, râpé
- ricotta 150g
- oeufs 2, battus à la fourchette
- taleggio ou alternative végétarienne 85g, tranché finement

Les directions:

a) Faites chauffer 2 cuillères à soupe d'huile d'olive dans une grande poêle et faites revenir les oignons et l'ail doucement jusqu'à ce qu'ils soient bien ramollis.

b) Incorporer le riz pendant une minute, puis commencer à incorporer le bouillon, une louche à la fois, en laissant chaque louche être absorbée avant d'ajouter la suivante. Poursuivre la cuisson et ajouter le bouillon pendant environ 20 minutes, jusqu'à ce que le riz soit tendre. Étaler sur une plaque pour refroidir et raffermir un peu.

c) Pendant ce temps, chauffez le four à 180°C/chaleur tournante 160°C/gaz 4. Beurrez légèrement un moule à fond amovible de 22 cm de diamètre. Versez les champignons dans la poêle à frire nettoyée avec le beurre et les feuilles de thym de 2 brins, et faites-les frire jusqu'à ce qu'ils soient dorés et tendres.

d) Versez le riz refroidi dans un bol à mélanger avec la plupart des champignons, tout le parmesan, la ricotta et les œufs, ajoutez beaucoup d'assaisonnement et mélangez bien.

e) Verser le mélange de riz dans le moule et presser fermement pour lisser le dessus. Répartir les champignons restants, le taleggio et les brins de thym et presser pour que tout colle ensemble, puis arroser d'un peu d'huile d'olive.

f) Cuire au four pendant 25 à 30 minutes jusqu'à ce qu'ils soient dorés et croustillants sur le dessus. Laisser refroidir pendant 20 minutes, puis couper en quartiers et servir avec une salade.

53. Risotto aux œufs et germes de soja

Rendement : 4 portions

Ingrédients

- 4 œufs
- 1 gros oignon ; finement tranché
- 1 Poivron vert; épépiné et tranché
- 2 cuillères à soupe d'huile végétale
- 125 grammes Champignons; découpé en tranches
- 225 grammes de blé concassé (bulgare)
- 400 grammes de tomates hachées de première qualité en conserve
- 450 millilitres de bouillon de légumes fait avec un cube de bouillon
- 200 grammes de germes de soja
- 4 cuillères à soupe de sauce Satay pour sauté
- Sel et poivre noir fraîchement moulu
- Feuilles de coriandre fraîche pour garnir, facultatif

Les directions:

a) Placer les œufs dans une casserole d'eau froide, porter à ébullition et laisser mijoter 7 minutes jusqu'à ce qu'ils soient durs. Égouttez, cassez immédiatement les coquilles, puis passez sous l'eau froide courante jusqu'à refroidissement. Laisser dans un bol jusqu'à utilisation.

b) Cuire l'oignon et le poivron dans l'huile dans une grande poêle pendant 3-4 minutes jusqu'à ce qu'ils soient tendres. Ajouter les champignons et le blé concassé, bien mélanger le tout, puis ajouter les tomates concassées et le bouillon de légumes.

c) Porter à ébullition, puis laisser mijoter 10 minutes jusqu'à ce que le blé soit bien gonflé et que le bouillon soit presque entièrement absorbé.

d) Pendant ce temps, écalez les œufs, hachez-en trois grossièrement et coupez celui qui reste en quartiers et réservez.

e) Ajouter les œufs hachés au mélange de blé et de sauce satay et chauffer pendant 2-3 minutes.

f) Bien assaisonner avec du sel et du poivre, puis transformer le risotto dans un plat de service réchauffé et garnir avec l'œuf restant et quelques feuilles de coriandre fraîche, le cas échéant.

54. Risotto aux tomates & champignons

Rendement : 1 portions

Ingrédients

- 1 livre de tomates fraîches ; coupé en deux et épépiné
- Arroser d'huile d'olive
- sel
- Poivre noir fraîchement moulu
- 4 champignons Portobello moyens; écorché et nettoyé
- 1 livre de fromage mozzarella frais; découpé en tranches
- 1 cuillère à soupe d'huile d'olive
- 1 tasse d'oignons hachés
- 6 tasses d'eau
- 1 cuillère à café d'ail haché
- 1 livre de riz arborio
- 1 cuillère à soupe de beurre non salé
- $\frac{1}{4}$ tasse de crème épaisse
- $\frac{1}{2}$ tasse de fromage Parmigiano-Reggiano fraîchement râpé
- 3 cuillères à soupe d'oignons verts hachés;

Les directions:

a) Préchauffez le gril à 400 degrés. Dans un saladier, mélanger les tomates avec l'huile d'olive, le sel et le poivre. Placer sur le gril et cuire 2 à 3 minutes de chaque côté. Retirer du gril et réserver. Préchauffer le four à 400 degrés.

b) Placer les champignons portobello sur une plaque à pâtisserie recouverte de papier sulfurisé, cavité vers le haut. Arroser les deux côtés des champignons avec l'huile d'olive.

c) Assaisonner les deux côtés avec du sel et du poivre. Éventez un quart du fromage sur chaque cavité du champignon.

d) Mettre au four et cuire jusqu'à ce que les champignons soient tendres et que le fromage bouillonne, environ 10 minutes. Faire chauffer l'huile d'olive dans une grande sauteuse à feu moyen.

e) Ajouter les oignons. Assaisonnez avec du sel et du poivre. Faire sauter jusqu'à ce que les oignons soient légèrement tendres, environ 3 minutes.

f) Ajouter l'eau et l'ail. Porter le mélange à ébullition, réduire le feu à moyen et laisser mijoter environ 6 minutes.

g) Ajouter le riz et laisser mijoter en remuant constamment jusqu'à ce que le mélange soit crémeux et bouillonnant, environ 18 minutes. Incorporer le beurre, la crème, le fromage et les oignons verts.

h) Laisser mijoter environ 2 minutes en remuant constamment. Retirer du feu et incorporer les tomates. Pour servir, couper chaque portobello en quartiers. Verser le risotto dans chaque plat de service. Déposer 2 tranches de portobello sur le risotto.

i) Garnir de persil.

55. Risotto aux asperges et champignons

Rendement : 4 portions

Ingrédient

- Huile d'olive ou de salade
- 1½ livre d'asperges, extrémités dures coupées et lances coupées en morceaux de 1 1/2 pouce
- 2 carottes moyennes, tranchées finement
- ¼ livres de champignons shiitake, tiges enlevées et chapeaux coupés en tranches de 1/4 de pouce d'épaisseur
- 1 oignon moyen, haché
- 1 poivron rouge moyen, coupé en fines lanières d'allumettes de 1 pouce de long
- 2 paquets (5,7 oz) de mélange pour risotto à saveur de primavera OU de champignons
- Brins de persil pour la décoration
- Parmesan râpé (facultatif)

Les directions:

a) Dans une casserole de 4 pintes à feu moyen-vif, dans 1 T d'huile d'olive ou de salade chaude, cuire les asperges jusqu'à ce qu'elles soient dorées et tendres. À l'aide d'une écumoire, retirer les asperges dans un bol.

b) Dans l'huile qui reste dans la casserole et l'huile d'olive ou à salade chaude supplémentaire, faire cuire les carottes, les champignons et l'oignon jusqu'à ce que les légumes soient croustillants et commencent à dorer. Ajouter le poivron rouge; cuire, en remuant, 1 minute.

c) Ajouter le mélange pour risotto et 4 C d'eau, à feu vif, porter à ébullition.

d) Réduire le feu à doux; couvrir et laisser mijoter 20 minutes. Retirer la casserole du feu. Incorporer les asperges; couvrir et laisser reposer 5 minutes pour permettre au riz d'absorber le liquide.

e) Pour servir, déposer le risotto sur une assiette. Garnir de brins de persil.

f) Servir avec du parmesan râpé, si vous aimez.

56. Risotto aux légumes d'automne

Rendement : 4 portions

Ingrédients

- 2 cuillères à soupe d'huile d'olive
- 2 cuillères à soupe de beurre
- 1 oignon, haché
- 2 gousses d'ail, hachées
- 1 tasse de champignons, tranchés
- 1 courgette, gros dés
- 1 Poivron rouge doux, coupé en dés
- 1 tasse de grains de maïs, cuits
- 1 cuillère à café de romarin frais, haché
- $\frac{1}{4}$ cuillère à café de poivre
- pincée de sel
- pincée Flocons de piment fort
- 1 cuillère à soupe de zeste de citron, râpé
- $1\frac{1}{2}$ tasse de riz arborio
- $4\frac{1}{2}$ tasse de bouillon de légumes/poulet

- ¾ tasse de parmesan, fraîchement râpé
- 1 cuillère à soupe de jus de citron

Les directions:

a) Dans une grande casserole à fond épais, chauffer la moitié de l'huile et du beurre à feu moyen; cuire l'oignon, l'ail et les champignons, en remuant, pendant 5 minutes ou jusqu'à ce qu'ils aient ramolli.

b) Ajouter la courgette, le poivron rouge, le maïs, le romarin, le poivre, le sel et les flocons de piment fort; cuire en remuant pendant 3 à 5 minutes ou jusqu'à ce que le liquide se soit évaporé.

c) Retirer de la poêle et réserver; Garder au chaud.

d) Chauffer le reste de l'huile et du beurre dans la même poêle à feu moyen-vif. Ajouter le zeste de citron et le riz; cuire, en remuant, pendant 1 minute. Incorporer ½ tasse de bouillon; cuire, en remuant constamment, jusqu'à ce que tout le liquide soit absorbé.

e) Continuez à ajouter du bouillon, ½ tasse à la fois, en cuisant et en remuant jusqu'à ce que chaque ajout soit absorbé avant d'ajouter le suivant, jusqu'à ce que le riz soit tendre 15 à 18 minutes au total.

f) Incorporer ½ tasse de fromage. Incorporer le jus de citron et le mélange de légumes; réchauffer. Assaisonner avec plus de sel et de poivre au goût.

57. Risotto végétalien

Pour 4 personnes

Ingrédients:

- huile d'olive 1 cuillère à soupe
- oignon 1, haché finement
- fenouil 1 bulbe, haché finement
- courgette 1, coupée en deux dans le sens de la longueur et tranchée finement
- ail 3 gousses, finement hachées
- graines de fenouil ½ cuillères à café, légèrement écrasées
- riz à risotto 200g
- vin blanc végétalien un petit verre (facultatif)
- bouillon de légumes 800 ml, chaud
- petits pois surgelés 200g
- levure alimentaire 2 cuillères à soupe
- citron 1, zesté et pressé
- persil plat un petit bouquet finement haché

Les directions:

a) Faites chauffer l'huile d'olive dans une grande poêle à frire, ajoutez l'oignon, le fenouil et la courgette, et faites revenir pendant 10 minutes jusqu'à ce qu'ils soient ramollis, en ajoutant un peu d'eau si cela commence à prendre.

b) Ajouter l'ail et les graines de fenouil et cuire 2 minutes, puis ajouter le riz et remuer jusqu'à ce que chaque grain soit légèrement enrobé d'huile. Versez le vin, si vous en utilisez, et faites mousser jusqu'à ce qu'il soit réduit de moitié.

c) Réserver le bouillon de légumes dans une casserole à feu très doux pour le garder au chaud. Ajoutez une louche à la fois au risotto, n'en rajoutez qu'une fois la dernière cuillerée complètement absorbée, en remuant tout le temps.

d) Une fois que le riz est cuit mais encore un peu croquant, ajoutez les petits pois surgelés et laissez cuire encore quelques minutes jusqu'à ce qu'ils soient juste cuits.

e) Incorporer la levure nutritionnelle, le zeste et le jus de citron et un peu d'assaisonnement, répartir dans des bols peu profonds et garnir de persil.

58. Risotto végétalien aux champignons

Pour 4 à 6 personnes

Ingrédients:

- cèpes séchés 20g
- huile d'olive 1½ cuillères à soupe
- oignon 1 gros, haché finement
- 2 bâtons de céleri, hachés finement
- champignons marrons 150g, tranchés
- ail 3 gousses écrasées
- riz à risotto 300g
- vin blanc végétalien 125ml
- bouillon de légumes chaud 200-400ml
- citron ½ petit, zesté
- persil un petit bouquet finement haché
- pâte de truffe 1-2 cuillères à soupe, selon la force

CHAMPIGNONS MARINÉS

- vinaigre de cidre 75ml
- sucre semoule 50g
- champignons sauvages mélangés 50g, déchirés en bouchées

Champignons truffés

- champignons sauvages mélangés 100g, déchirés en bouchées
- ciboulette finement ciselée pour faire 1 cuillère à soupe, plus un supplément pour servir
- huile de truffe 1 cuillère à soupe, plus un supplément pour servir

Les directions:

a) Mettez les cèpes séchés dans un bol résistant à la chaleur et versez 600 ml d'eau juste bouillie. Laisser tremper.

b) Pour faire les champignons marinés, mettre le vinaigre, 75 ml d'eau, le sucre et une pincée de sel dans une petite casserole. Chauffer jusqu'à ce que le sucre se dissolve, puis retirer du feu pour refroidir légèrement.

c) Mettez les champignons dans un bol résistant à la chaleur, versez le liquide de marinade et laissez reposer pendant que vous préparez le risotto.

d) Faites chauffer 1 cuillère à soupe d'huile dans une poêle à frire à feu moyen et faites revenir l'oignon et le céleri pendant 10 minutes jusqu'à ce qu'ils soient ramollis mais pas dorés. Ajouter les champignons de Paris et augmenter légèrement le feu.

e) Frire, en remuant fréquemment, pendant encore 8 à 10 minutes ou jusqu'à ce que les champignons aient libéré leur liquide et commencent à dorer.

f) Filtrer les cèpes dans un bol en jetant les dernières cuillères à soupe de bouillon. Incorporer l'ail et le riz dans la casserole avec le mélange de légumes, en enrobant le riz dans l'huile et cuire pendant 1 à 2 minutes ou jusqu'à ce que l'ail soit parfumé.

g) Ajouter le vin et faire bouillir pendant une minute, puis ajouter le bouillon de cèpes, une goutte à la fois, en remuant continuellement et en attendant que chaque addition soit absorbée avant d'en ajouter d'autres.

h) Lorsque tout le bouillon de champignons a été ajouté, ajouter le bouillon de légumes.

i) Après environ 15 à 20 minutes, vérifiez le riz pour vous assurer qu'il est tendre. Ajouter un peu plus de bouillon ou d'eau si vous avez besoin de poursuivre la cuisson pendant quelques minutes.

j) Lorsque le riz est juste tendre, incorporer les cèpes réhydratés, le zeste de citron, le persil et la pâte de truffe. Couvrir, retirer du feu et laisser reposer 5 minutes.

k) Pour les champignons truffés, chauffer le reste de l'huile d'olive dans une poêle à feu vif et faire revenir les champignons jusqu'à ce qu'ils soient légèrement dorés et

Champignons truffés

- champignons sauvages mélangés 100g, déchirés en bouchées
- ciboulette finement ciselée pour faire 1 cuillère à soupe, plus un supplément pour servir
- huile de truffe 1 cuillère à soupe, plus un supplément pour servir

Les directions:

a) Mettez les cèpes séchés dans un bol résistant à la chaleur et versez 600 ml d'eau juste bouillie. Laisser tremper.

b) Pour faire les champignons marinés, mettre le vinaigre, 75 ml d'eau, le sucre et une pincée de sel dans une petite casserole. Chauffer jusqu'à ce que le sucre se dissolve, puis retirer du feu pour refroidir légèrement.

c) Mettez les champignons dans un bol résistant à la chaleur, versez le liquide de marinade et laissez reposer pendant que vous préparez le risotto.

d) Faites chauffer 1 cuillère à soupe d'huile dans une poêle à frire à feu moyen et faites revenir l'oignon et le céleri pendant 10 minutes jusqu'à ce qu'ils soient ramollis mais pas dorés. Ajouter les champignons de Paris et augmenter légèrement le feu.

e) Frire, en remuant fréquemment, pendant encore 8 à 10 minutes ou jusqu'à ce que les champignons aient libéré leur liquide et commencent à dorer.

f) Filtrer les cèpes dans un bol en jetant les dernières cuillères à soupe de bouillon. Incorporer l'ail et le riz dans la casserole avec le mélange de légumes, en enrobant le riz dans l'huile et cuire pendant 1 à 2 minutes ou jusqu'à ce que l'ail soit parfumé.

g) Ajouter le vin et faire bouillir pendant une minute, puis ajouter le bouillon de cèpes, une goutte à la fois, en remuant continuellement et en attendant que chaque addition soit absorbée avant d'en ajouter d'autres.

h) Lorsque tout le bouillon de champignons a été ajouté, ajouter le bouillon de légumes.

i) Après environ 15 à 20 minutes, vérifiez le riz pour vous assurer qu'il est tendre. Ajouter un peu plus de bouillon ou d'eau si vous avez besoin de poursuivre la cuisson pendant quelques minutes.

j) Lorsque le riz est juste tendre, incorporer les cèpes réhydratés, le zeste de citron, le persil et la pâte de truffe. Couvrir, retirer du feu et laisser reposer 5 minutes.

k) Pour les champignons truffés, chauffer le reste de l'huile d'olive dans une poêle à feu vif et faire revenir les champignons jusqu'à ce qu'ils soient légèrement dorés et légèrement ramollis. Assaisonner de sel, puis retirer du feu et incorporer la ciboulette et l'huile de truffe.

l) Incorporer délicatement les champignons truffés dans le risotto, puis égoutter les champignons marinés et les déposer sur le dessus.

m) Arroser d'un peu d'huile de truffe et saupoudrer de ciboulette pour servir.

59. Risotto d'épeautre aux champignons

Pour 4 personnes

Ingrédients:

- cèpes séchés 20g
- huile végétale 2 cuillères à soupe
- champignons marrons 250g, tranchés
- oignon 1, haché finement
- ail 2 gousses, finement hachées
- épeautre perlé 250g
- vin blanc un verre (facultatif)
- bouillon de légumes 500 ml, chaud
- fromage à pâte molle 2 cuillères à soupe
- Fromage à pâte dure italien 25g, finement râpé, plus extra pour servir
- persil plat un petit bouquet, feuilles déchirées
- citron 1, zesté et un filet de jus

Les directions:

a) Mettez les cèpes séchés dans un petit bol et versez 250 ml d'eau juste bouillie.

b) Faites chauffer 1 cuillère à soupe d'huile végétale dans une grande poêle à feu vif et ajoutez les champignons de Paris. Cuire pendant 5 à 10 minutes ou jusqu'à ce que toute l'humidité se soit évaporée et qu'ils soient caramélisés.

c) Réduire le feu et ajouter le reste d'huile, l'oignon, l'ail et un peu d'assaisonnement, et cuire doucement pendant 5 minutes jusqu'à tendreté.

d) Ajouter l'épeautre et mélanger jusqu'à ce qu'il soit complètement enrobé d'huile. Verser le vin, le cas échéant, et cuire jusqu'à réduction de 1/2.

e) Égouttez les cèpes en gardant le liquide, hachez-les et incorporez-les au risotto. Ajouter le jus de cèpes au bouillon et incorporer au risotto une louche à la fois. Cuire 25 minutes ou jusqu'à ce que l'épeautre soit tendre.

f) Incorporer les fromages à pâte molle et à pâte dure, suivis du persil.

g) Pour servir, répartir dans des bols, presser un peu de jus de citron, saupoudrer de zeste de citron et de fromage supplémentaire, si vous le souhaitez.

60. Risotto aux courgettes et petits pois

Pour 4 personnes

Ingrédients:

- spray d'huile d'olive
- 1 gros oignon coupé en dés
- ail 1 gousse, écrasée
- orge perlé 200g
- bouillon de légumes 600 ml, chaud
- petits pois frais 150g
- courgette 2, râpée
- coeurs d'artichauts 6 en saumure, tranchés
- fromage blanc 3 cuillères à soupe

Les directions:

a) Chauffer un jet d'olive dans une poêle et faire revenir l'oignon jusqu'à ce qu'il soit tendre. Ajouter l'ail pendant une minute, puis ajouter l'orge. Mélanger avec l'oignon et verser sur le bouillon chaud.

b) Couvrir et laisser mijoter pendant 40 minutes ou jusqu'à ce que l'orge soit tendre.

c) Incorporer les pois, la courgette et les artichauts avec beaucoup d'assaisonnement et laisser mijoter encore 5 minutes jusqu'à ce que les pois soient cuits.

d) Retirer du feu, incorporer le fromage blanc et servir.

61. Risotto aux poireaux et parmesan

Pour 2

Ingrédients:

- beurre 25g
- huile d'olive 1 cuillère à soupe
- oignons nouveaux 4, hachés
- poireaux 2, parés et hachés finement
- ail 2 gousses, tranchées
- riz arborio 150g
- vin blanc un verre
- bouillon de légumes ou de poulet 750ml
- parmesan (ou alternative végétarienne) 25g, finement râpé (nous avons utilisé du Parmigiano Reggiano)

Les directions:

a) Porter le bouillon à ébullition. Faites chauffer une grande poêle large et ajoutez la moitié du beurre et l'huile d'olive. Ajouter les oignons nouveaux, les poireaux et l'ail et cuire pendant 5 minutes jusqu'à ce qu'ils soient ramollis.

b) Ajouter le riz et remuer pour enrober puis verser le vin et faire bouillir jusqu'à ce qu'il soit réduit. Ajouter le bouillon un peu à la fois, en remuant jusqu'à ce que le riz soit tendre avec un peu de bouchée et gluant.

c) Incorporer le parmesan et le reste de beurre et assaisonner.

62. Risotto au chou

Rendement : 3 portions

Ingrédients

- 4 cuillères à soupe d'huile d'olive
- ⅓ tasse d'oignon, émincé
- 1 tasse de riz arborio
- 2¾ tasse de bouillon de légumes
- 1 tasse de chou vert, râpé
- ¼ tasse de persil italien, haché
- Sel et poivre, au goût

Les directions:

a) Faire chauffer l'huile dans une grande casserole jusqu'à ce qu'elle soit chaude. Ajouter l'oignon, remuer pour enrober et faire sauter pendant quelques minutes jusqu'à ce qu'il soit tendre, mais pas doré. Ajouter le riz, remuer pour enrober et cuire 1 minute.

b) Ajouter le bouillon et porter à ébullition en remuant fréquemment. Laisser le bouillon venir à ébullition, réduire le feu et laisser mijoter, partiellement couvert pendant 10 minutes.

c) Ajouter le chou, le persil, le sel et le poivre. Bien mélanger et continuer à mijoter, en remuant de temps en temps jusqu'à ce que le riz soit cuit et crémeux et que tout le bâton ait été absorbé.

d) Sers immédiatement.

63. Risotto de crevettes aux pétoncles

Pour 4 personnes

Ingrédients:

- beurre 100g, plus une noisette
- échalotes 2, hachées finement
- riz à risotto 450g
- poisson ou bouillon de poulet léger 750 ml-1 litre, chaud
- crevettes décortiquées crues 350-400g
- citron 1, zesté et pressé
- mascarpone 3 cuillères à soupe
- pétoncles 12, œufs d'orange et muscles latéraux enlevés
- ciboulette 1 botte, finement hachée
- basilic ½ bouquet, haché

Les directions:

a) Faire fondre le beurre dans une grande casserole à fond épais et y faire revenir doucement l'échalote jusqu'à ce qu'elle soit tendre mais non colorée. Ajouter le riz et remuer jusqu'à ce que les grains soient bien enrobés de beurre.

b) Ajouter le bouillon chaud progressivement, environ 200 ml à la fois, en remuant bien chaque ajout, jusqu'à ce que le riz soit juste tendre, cela prendra environ 20 minutes. La quantité de bouillon dont vous avez besoin dépendra du type de riz que vous utilisez.

c) Ajouter les crevettes lorsque le riz est cuit mais toujours al dente, puis assaisonner et ajouter le zeste et le jus de citron. Retournez les crevettes pour qu'elles cuisent des deux côtés, et lorsqu'elles sont cuites, ajoutez le mascarpone et incorporez-le.

d) Laissez reposer le risotto pendant 5 minutes pendant que vous faites revenir les Saint-Jacques une minute de chaque côté dans une noix de beurre dans une poêle. Ajoutez-les au risotto et parsemez de ciboulette ciselée et de basilic.

64. Risotto de crabe aux épinards et petits pois

Pour 4 à 6 personnes

Ingrédients:

- huile d'olive pour la friture
- oignon 1, tranché finement
- oignons de printemps un petit bouquet, finement tranché
- riz arborio 350g
- ail 2 gousses écrasées
- vin blanc 170ml
- bouillon de volaille 1,1 litre
- petits pois surgelés 150g
- parmesan 70g, râpé, plus extra pour servir
- citron ½, jus, plus quartiers pour servir
- crème fraîche 2 cuillères à soupe

sauce verte

- épinards 200g
- petits pois surgelés 150g, décongelés
- huile d'olive extra-vierge 60ml

Sauce au crabe

- oignon rouge ½, haché finement
- chair de crabe blanc 200g
- piment rouge 1, épépiné et finement haché
- persil plat une poignée, ciselé
- citron ½, jus

Les directions:

a) Faire chauffer l'huile dans une grande cocotte ou une poêle à frire et faire revenir doucement l'oignon et les oignons nouveaux pendant 5 minutes jusqu'à ce qu'ils soient ramollis.

b) Augmentez le feu à moyen, ajoutez le riz et l'ail et faites revenir pendant 1 minute jusqu'à ce que le riz soit enrobé d'huile et devienne translucide.

c) Verser le vin sans cesser de remuer et laisser réduire presque entièrement. Baisser le feu à moyen-doux et ajouter lentement le bouillon, une louche à la fois, en remuant régulièrement, en n'en rajoutant qu'une fois la dernière louche absorbée. Saison.

d) Pour la sauce verte, mettre les épinards, les petits pois, l'huile d'olive et 100 ml d'eau dans un mixeur ou un robot culinaire. Blitz à une sauce onctueuse.

e) Lorsque vous avez ajouté tout le bouillon et que le riz est presque cuit (cela prendra environ 25 à 30 minutes), incorporez la sauce verte. Continuez à remuer le risotto pendant encore 10 minutes, puis incorporez les petits pois, le parmesan, le citron et la crème.

f) Assaisonner et laisser mijoter 5 minutes jusqu'à ce que les pois soient cuits et que le riz soit tendre.

g) Mélanger tous les ingrédients de la salsa de crabe.

h) Pour servir, déposer le risotto dans des bols et garnir de salsa de crabe et d'un filet d'huile d'olive. Servir avec des quartiers de citron et du parmesan.

65. Risotto au saumon fumé à chaud

Pour 2

Ingrédients:

- beurre
- oignon 1, haché finement
- riz à risotto 150g
- petit verre à vin blanc, environ 125ml
- bouillon de légumes 1 litre chauffé et frémissant
- citron 1, jus et zeste
- une poignée d'aneth haché
- filets de saumon fumé à chaud 150g, émietté

Les directions:

a) Faire fondre une noix de beurre dans une large casserole peu profonde.

b) Cuire les oignons jusqu'à ce qu'ils soient tendres, puis ajouter le riz et remuer pour bien enrober. versez le vin et bouillonnez jusqu'à ce qu'il soit absorbé, puis ajoutez graduellement le bouillon en remuant jusqu'à ce que le riz soit juste tendre.

c) Ajouter le citron, incorporer le saumon et l'aneth et servir.

66. Risotto de crabe au beurre noisette

Pour 2

Ingrédients :

- échalotes 2 longues ou 4 rondes, coupées en dés
- beurre salé 25g, plus quelques noix
- riz à risotto 150g
- chair de crabe brune ou blanche pot mixte de 100g
- vin blanc sec 175ml
- bouillon de poisson 550 ml, chaud
- parmesan râpé 1 cuillère à soupe
- poivre blanc ou macis moulu ou muscade une pincée de chaque
- ciboulette un peu, coupée pour servir

Les directions :

a) Faites revenir doucement les échalotes dans quelques noisettes de beurre dans une poêle. Lorsqu'ils sont tendres mais pas colorés, incorporer le riz pendant une minute, suivi uniquement de la chair de crabe brune. Verser le vin et laisser mijoter jusqu'à ce qu'il soit presque évaporé.

b) Une louche à la fois, ajouter la majeure partie du bouillon de poisson (laisser quelques cuillerées à soupe), en remuant après chaque ajout jusqu'à ce que le bouillon soit presque absorbé.

c) Lorsque le riz est tendre et crémeux, retirer du feu, incorporer le parmesan et couvrir avec un couvercle ou un plateau pour le garder au chaud.

d) Faites fondre les 25 g de beurre dans une petite poêle. Quand il est complètement fondu, augmentez un peu le feu en remuant continuellement jusqu'à ce que le beurre soit doré et noiseté.

e) Incorporer la chair de crabe blanc pour la réchauffer doucement.

f) Découvrir le risotto et le remuer - s'il a épaissi au repos dans la dernière louche de bouillon - et assaisonner avec une pincée de macis moulu, de muscade, de poivre blanc et de sel.

g) Verser dessus la chair de crabe blanc et le beurre noisette. Parsemer de ciboulette pour servir.

67. Risotto aux moules

Pour 4 personnes

Ingrédients:

- 1,2 kg (2 lb) de moules vivantes fraîches, lavées et soigneusement nettoyées
- 6 cuillères à soupe d'huile d'olive extra vierge
- 2 gousses d'ail, pelées et hachées finement
- 600 g de tomates bien mûres,
- 350g (12oz) de préférence riz Arborio
- 1,2 litre (2 pintes) de fumet de poisson
- une poignée de persil plat frais
- sel de mer et poivre noir fraîchement moulu
- 25 g (1 oz) de beurre non salé

Les directions:

a) Mettez toutes les moules propres dans une casserole large et peu profonde. Mettez un couvercle sur la casserole et mettez la casserole sur un feu moyen à élevé.

b) Secouez la casserole sur le feu, en encourageant toutes les moules à s'ouvrir.

c) Après environ 8 minutes, tous ceux qui vont s'ouvrir se seront ouverts. Sortez les moules dès qu'elles s'ouvrent.

d) Retirez les moules des coquilles et jetez toutes les coquilles sauf les plus jolies, que vous pouvez conserver pour la décoration.

e) Filtrer le liquide des moules à travers une passoire très fine et réserver. Jetez toutes les coquilles non ouvertes et les coquilles vides dont vous ne voulez pas.

f) Ensuite, faites revenir l'ail et l'huile ensemble jusqu'à ce que l'ail soit blond, puis ajoutez tout le riz.

g) Bien mélanger jusqu'à ce que le riz soit chaud et bien enrobé d'huile et d'ail. Ajoutez maintenant le liquide des moules et des tomates.

h) Mélanger jusqu'à ce que le riz ait absorbé le liquide, puis commencer à ajouter progressivement le fumet de poisson chaud.

i) Remuez constamment et n'ajoutez plus de bouillon que lorsque la quantité précédente a été absorbée par le riz.

j) Continuez ainsi jusqu'à ce que le riz soit cuit aux trois quarts, puis ajoutez les moules cuites et le persil.

k) Assaisonner avec du sel et du poivre et recommencer à ajouter du bouillon, en remuant et en ajoutant plus de bouillon une fois que le riz a absorbé le bouillon précédent.

l) Lorsque le riz est crémeux et velouté, mais que les grains sont encore fermes au centre, retirez le risotto du feu et incorporez le beurre.

m) Couvrir et laisser reposer 2 minutes, puis transférer dans un plat chaud, décorer avec les coquilles conservées et servir aussitôt.

68. Risotto aux coquillages

Rendement : 4 portions

Ingrédient

- 1 kg de moules ; nettoyé
- 200 millilitres de vin blanc sec
- 600 millilitres de bouillon de poisson
- 3 cuillères à soupe d'huile d'olive extra vierge
- 750 grammes de beurre non salé réfrigéré; en dés
- 1 oignon
- 2 gousses d'ail ; haché finement
- 1 tarte de 2 1/2 cm de racine de gingembre frais, râpé
- 1 piment rouge; épépiné et haché finement
- 350 grammes de riz arborio ou autre riz
- 1 pincée d'étamines de Safran ; trempé dans 1 cuillère à soupe d'eau tiède
- 225 grammes de calmar ; nettoyé et tranché
- 225 grammes Crevettes tigrées décortiquées non cuites
- 2 tomates italiennes ; épépiné et coupé en dés

- 2 cuillères à soupe de basilic frais haché et de persil plat
- Sel et poivre noir fraîchement moulu

Les directions:

a) Mettez les moules dans une casserole avec 50 ml de vin. Couvrez hermétiquement et faites cuire à feu vif pendant quelques minutes, en secouant de temps en temps, jusqu'à ce qu'ils soient ouverts - jetez ceux qui ne le font pas. Passer au tamis. Retirer la chair des moules et réserver.

b) Placez le bouillon dans une casserole et versez-y la liqueur de cuisson, en laissant le moindre grain - vous devriez avoir 300 ml/demi-pinte au total. Porter à doux frémissement.

c) Faites chauffer deux cuillères à soupe d'huile et 25 g de beurre dans une sauteuse.

d) Ajouter l'oignon, l'ail, le gingembre et le piment et cuire environ 5 minutes jusqu'à ce qu'ils soient ramollis mais non dorés.

e) Incorporer le riz et cuire quelques minutes jusqu'à ce qu'il soit noisette et parfumé. Ajouter le reste du vin et laisser bouillir en remuant. Ajouter une louche de bouillon et cuire doucement en remuant jusqu'à absorption.

f) Continuez à ajouter du bouillon de cette manière, en ajoutant le mélange de safran après environ 10 minutes -

l'ensemble du processus prend 20 à 25 minutes jusqu'à ce que le riz soit tendre mais "al dente".

g) Faire chauffer la cuillère à soupe d'huile restante dans un wok. Ajouter les calmars et les crevettes et faire sauter pendant 1 à 2 minutes, puis ajouter les tomates, les herbes et la chair de moule réservée, mélanger et retirer du feu.

h) Environ 2 minutes avant la cuisson du risotto, incorporer le mélange de crustacés puis incorporer le reste du beurre en remuant jusqu'à émulsion. Servir aussitôt.

69. Risotto aux crevettes à la cajun

Rendement : 4 portions

Ingrédients

- 29 onces de bouillon de poulet ; 2 canettes
- 1 livre de crevettes moyennes; décortiqué et déveiné
- 1 cuillère à café de sel ; divisé
- 2 cuillères à soupe d'huile d'olive; divisé
- 10 onces de tomates aux piments verts ; en conserve (jus de réserve)
- 2 tasses de riz arborio

Les directions:

a) Porter le bouillon et $2\frac{3}{4}$ tasses d'eau à ébullition dans une grande casserole.

b) Faites chauffer 1 cuillère à soupe d'huile dans un faitout à feu vif pendant 3 minutes. Ajouter les crevettes, répartir uniformément dans le moule. Cuire 2 minutes, en retournant une fois, jusqu'à ce qu'ils soient dorés.

c) Ajouter la tomate, les piments verts et le jus, faire bouillir 1 à 2 minutes; transférer le mélange de crevettes dans un bol.

d) Réduire le feu à moyen-vif. Ajouter la cuillère à soupe d'huile restante dans la casserole. Ajouter le riz et cuire 1 minute en remuant jusqu'à ce que les grains brillent. Incorporer 1 tasse de mélange de bouillon et cuire en remuant jusqu'à ce que le liquide soit tout juste absorbé.

e) Ajouter graduellement le reste du mélange de bouillon au riz, $\frac{1}{2}$ tasse à la fois, en remuant constamment jusqu'à ce que le liquide soit absorbé, 20 à 25 minutes de plus. Incorporer le mélange de crevettes et la $\frac{1}{2}$ cuillère à café de sel restante.

f) Sers immédiatement.

70. Crab cake & risotto aux oignons verts

Rendement : 4 portions

Ingrédients

- 300 millilitres de filet de merlan
- 2 oeufs
- Sel et poivre blanc moulu
- 1 piment rouge; épépiné et finement
- ; haché
- ½ cuillère à café de coriandre moulue
- ½ cuillère à café de gingembre moulu
- Un peu de zeste de citron vert finement râpé
- 1 échalote ; haché finement
- 85 millilitres de crème double
- 100 grammes Chair de crabe blanc
- Farine ordinaire et chapelure sèche pour
- ; enrobage
- 1 cuillère à soupe d'huile d'olive
- 2 échalotes ; haché finement

- 1 gousse d'ail; haché finement
- ½ cuillère à café de thym frais; haché
- 200 grammes Riz Risotto
- 400 millilitres de bouillon de légumes chaud
- 2 cuillères à soupe de crème fraîche
- 100 grammes Mascarpone
- 4 oignons nouveaux; haché
- 75 grammes de parmesan ; râpé
- 200 grammes de tomates prunes ; écorché, épépiné
- 3 échalotes ; haché finement
- 1 piment rouge; ensemencé
- 1 gousse d'ail; écrasé
- 4 cuillères à café de vinaigrette à la moutarde
- Huile végétale pour friture
- 4 cuillères à soupe d'huile de piment
- brins de cerfeuil; pour garnir

Les directions:

a) Pour les beignets de crabe, mixez le merlan avec 1 œuf jusqu'à consistance lisse. Ajouter sel, poivre, piment, coriandre, gingembre, zeste de citron vert et échalote, puis incorporer la crème et la chair de crabe.

b) Diviser en quatre et former des rondelles. Refroidir jusqu'à consistance ferme.

c) Rouler dans la farine, badigeonner avec l'œuf restant, battre et enrober de chapelure. Enrober à nouveau de farine, d'œuf et de chapelure, puis réfrigérer les beignets de crabe jusqu'au moment de les cuire.

d) Pour le risotto, faites chauffer l'huile dans une poêle et faites revenir les échalotes, l'ail et le thym jusqu'à ce qu'ils soient tendres. Ajouter le riz et cuire 2-3 minutes, puis verser le bouillon chaud.

e) Laisser mijoter pendant 10 à 15 minutes, en remuant fréquemment, jusqu'à ce que le riz soit tendre mais encore un peu croquant.

f) Au moment de servir, incorporer la crème et réchauffer. Ajouter le mascarpone, la ciboule et le parmesan et vérifier l'assaisonnement.

g) Pour la salsa, mélanger tous les ingrédients ensemble et réfrigérer.

h) Pour servir, faites frire les beignets de crabe dans l'huile chaude jusqu'à ce qu'ils soient dorés. Égoutter sur du papier absorbant. Déposer du risotto chaud au centre de quatre assiettes de service et déposer une galette de crabe sur chacune. Déposer un peu de salsa sur chaque beignet de crabe et arroser le risotto d'huile pimentée. Garnir de brins de cerfeuil.

71. Risotto au saumon

Pour 4 personnes

Ingrédients:

- 400g (14oz) Filet de saumon
- 1 feuille de laurier
- sel de mer 400g (14oz)
- 5 grains de poivre noir
- 1 verre de vin blanc sec
- 2 cuillères à soupe de persil frais haché
- une poignée de persil
- le zeste d'un tout petit citron
- 75 g (3 oz) de beurre non salé
- 4 tranches de saumon fumé, coupées en lanières

Les directions:

a) Lavez et vérifiez le poisson en enlevant les arêtes visibles.

b) Mettez la feuille de laurier, le sel, les grains de poivre, le zeste de citron et le persil dans une casserole assez grande pour contenir le poisson et couvrez d'eau.

c) Laisser mijoter doucement environ 20 minutes, puis plonger le saumon dans l'eau. Laisser pocher environ 10 minutes, puis couvrir et retirer du feu.

d) Laisser reposer le saumon jusqu'à ce qu'il soit cuit dans l'eau chaude aromatisée.

e) Retirez délicatement le poisson, la peau et le filet, puis coupez-les en petits morceaux.

f) Filtrer et réserver le bouillon. Laissez mijoter le bouillon.

g) Faire revenir la moitié du beurre et de l'huile avec l'échalote jusqu'à ce qu'ils soient juste ramollis, dans une poêle profonde à fond épais.

h) Ajouter le riz et faire bien griller les grains, puis ajouter le vin.

i) Cuire pendant 2 ou 3 minutes pour permettre à l'alcool de brûler, puis commencer à ajouter le bouillon de saumon chaud en remuant constamment et en laissant toujours le liquide s'absorber avant d'en rajouter.

j) Cinq minutes avant la cuisson du riz, incorporer les filets de poisson cuits, en cassant certains au fur et à mesure que vous les mélangez.

k) Lorsque le riz est tendre, retirez la casserole du feu et incorporez le beurre.

l) Couvrez avec un couvercle et laissez reposer 2 minutes, puis transférez dans un plat. Saupoudrer de persil haché, de zeste de citron et de fines lamelles de saumon fumé pour servir.

72. Risotto aux écrevisses

Rendement : 4 portions

Ingrédients

- 1½ tasse de chair d'écrevisses (ou de homard comme substitut)
- 1 tasse de riz long (grain long)
- 4 onces de bacon
- 1½ tasse de sauce blanche
- 18 huîtres, perlées
- ½ cuillère à café de sel
- 2 cuillères à soupe de xérès sec
- ½ tasse de tomates, coupées en deux
- 3 citrons, tranchés
- Persil

Les directions:

a) Coupez le bacon et faites-le frire. Maintenir chaud au four 2. Utiliser un peu de graisse de bacon pour faire frire le riz.

b) Remuez le riz pendant qu'il est en train de frire et faites-le frire jusqu'à ce qu'il soit brun.

c) Ajoutez quatre tasses d'eau bouillante et le sel et faites cuire le riz jusqu'à ce qu'il soit tendre. Égoutter l'eau et garder le riz au chaud dans le four.

d) Faire une sauce blanche et ajouter le xérès. Mélanger ensuite les écrevisses et les huîtres et saler et poivrer au goût.

e) Servir sur une grande assiette avec les écrevisses au milieu et les tranches de tomate et de citron entrecoupées de persil sur le pourtour.

73. Risotto de poisson grillé au romarin

Rendement : 1 portions

Ingrédients

- 3 cuillères à soupe d'huile d'olive
- 2 cuillères à soupe de jus de citron
- 2 cuillères à soupe de romarin fraîchement haché
- sel et poivre au goût
- 4 gros filets de Saint-Pierre ou poisson à chair ferme

Risotto

- 1 litre de bouillon de poulet, de poisson ou de légumes
- 2 cuillères à soupe de beurre ou d'huile
- 1 petit oignon, haché finement
- 1 gousse d'ail, écrasée
- 1 tasse de riz arborio
- 100 ml de jus de vin blanc
- Zest de 1 citron
- 100 g de parmesan finement râpé
- sel et poivre noir fraîchement moulu

Les directions:

a) Mélangez l'huile, le jus de citron, le romarin, le sel et le poivre. Déposer les filets de poisson dans ce mélange et réserver jusqu'à utilisation. Pour la cuisson, placez sous un gril chaud pendant 3-4 minutes de chaque côté.

b) Mettez le bouillon dans une casserole et portez à feu doux. Chauffez l'huile dans une grande casserole épaisse et ajoutez l'oignon et l'ail, en faisant cuire soigneusement jusqu'à ce qu'ils soient ramollis. Ajouter le riz et bien mélanger pour l'enrober d'huile ou de beurre.

c) Mouiller avec le vin et cuire jusqu'à ce qu'il soit absorbé, puis verser un peu de bouillon. Remuer constamment et continuer à ajouter le bouillon au fur et à mesure qu'il est absorbé par le riz.

d) Après environ 25 minutes, le risotto devrait avoir absorbé la majeure partie du bouillon et être cuit et crémeux.

e) Ajouter le jus de citron et zester le parmesan, saler et poivrer.

f) Goûtez pour l'assaisonnement correct et servez aussitôt avec le poisson grillé.

74. Risotto de rouget

Rendement : 4 portions

Ingrédients

- 4 Filets de rouget parés
- 55 grammes de riz Canaroli
- 30 grammes de beurre
- 1 petite échalote; haché finement
- 1 cuillère à dessert de romarin haché blanchi
- 290 millilitres d'eau ou de bouillon
- 1 noix de muscade ; râpé
- 290 millilitres de bouillon de poisson
- 1 petite échalote; haché grossièrement
- 110 grammes de beurre non salé

Les directions:

g) Mélangez l'huile, le jus de citron, le romarin, le sel et le poivre. Déposer les filets de poisson dans ce mélange et réserver jusqu'à utilisation. Pour la cuisson, placez sous un gril chaud pendant 3-4 minutes de chaque côté.

a) Faire suer l'échalote dans le beurre pendant quelques minutes, ajouter le riz, assaisonner et cuire jusqu'à ce qu'il commence à dégager un arôme de noisette. Ajouter le bouillon un peu à la fois en attendant que chaque ajout ait été absorbé jusqu'à ce que d'autres soient ajoutés.

b) Lorsqu'il n'y a plus de bouillon, retirer le riz du feu et incorporer le romarin.

c) Faire suer l'échalote et la muscade dans environ une demi-once de beurre.

d) Ajouter le fumet de poisson et réduire jusqu'à ce qu'il en reste un tiers, couper le beurre restant en petits dés et le fouetter progressivement dans la sauce bouillante, vérifier l'assaisonnement et passer au chinois.

e) Saisir la chair du poisson dans une poêle chaude, puis cuire côté peau sous un gril raisonnablement chaud, cela devrait prendre 5 à 8 minutes.

f) Pour servir mettre du risotto au milieu de l'assiette, du poisson dessus et napper de sauce.

75. Risotto de homard au curry

Rendement : 1 portions

Ingrédients

- 2 livres de homard cuit, désossé
- 1½ cuillère à café d'huile d'arachide
- 4 petites échalotes ; en dés
- 2 oignons espagnols moyens ; en dés
- ½ Carotte; coupé en dés
- 1 branche de céleri ; coupé en dés
- 1 cuillère à café de racine de gingembre frais; coupé en dés
- 2 gousses d'ail ; haché
- 2 cuillères à café de curry en poudre; indien de l'Ouest
- 1 tasse de riz arborio à l'italienne
- 3 tomates Roma ; peler/ensemencer
- 8 tasses de bouillon de poulet ou de homard
- ½ cuillère à soupe de coriandre hachée
- 1 cuillère à soupe de basilic thaï, ou régulier
- 2 cuillères à soupe de parmesan

- 1½ cuillère à soupe de beurre non salé
- ½ tasse de papaye ; cube
- ½ tasse de mangue ; cube
- ½ banane ; découpé en tranches
- Sel, au goût

Les directions:

h) Mélangez l'huile, le jus de citron, le romarin, le sel et le poivre. Déposer les filets de poisson dans ce mélange et réserver jusqu'à utilisation. Pour la cuisson, placez sous un gril chaud pendant 3-4 minutes de chaque côté.

a) Chauffer l'huile d'arachide et faire sauter les échalotes, les oignons, la carotte, le céleri, le gingembre, l'ail, la poudre de cari et le riz jusqu'à ce que les légumes soient tendres. Ajouter les tomates et la moitié du bouillon.

b) Porter à ébullition. Baisser le feu pour laisser mijoter, à découvert, en remuant de temps en temps. Réduire jusqu'à ce que le bouillon soit presque épuisé. Ajouter le reste du bouillon et répéter l'opération jusqu'à ce que le riz soit al dente et que le bouillon se soit évaporé. Ajouter les ingrédients restants. Bien mélanger à feu vif.

c) Salez au goût et ajoutez la chair de homard. Remuer et servir immédiatement.

76. Risotto à la chair de crabe

Rendement : 6 portions

Ingrédients

- 3 cuillères à soupe de beurre
- 1 petit oignon, émincé
- 1½ tasse de riz arborio
- 5 tasses de bouillon de poulet
- ½ tasse de crème fouettée
- 3½ onces de fromage de chèvre frais
- 8 onces de chair de crabe
- ⅓ tasse de basilic frais haché

Les directions:

a) Mélangez l'huile, le jus de citron, le romarin, le sel et le poivre.

b) Déposer les filets de poisson dans ce mélange et réserver jusqu'à utilisation. Pour la cuisson, placez sous un gril chaud pendant 3-4 minutes de chaque côté.

c) Faire fondre le beurre dans une grande casserole à fond épais à feu moyen. Ajouter l'oignon émincé et faire sauter jusqu'à ce qu'il soit translucide, environ 3 minutes.

d) Ajouter le riz et faire sauter 1 minute. Ajouter 1 tasse de bouillon de poulet au riz, réduire le feu et laisser mijoter jusqu'à ce que le liquide soit absorbé, en remuant fréquemment.

e) Continuez à ajouter suffisamment de bouillon de poulet restant 1 tasse à la fois jusqu'à ce que le riz soit juste tendre mais toujours ferme à mordre, en remuant fréquemment et en permettant à chaque ajout d'être absorbé avant d'ajouter le suivant, environ 20 minutes. Ajouter la crème fouettée et laisser mijoter 2 minutes.

f) Incorporer le fromage de chèvre, puis la chair de crabe et le basilic ciselé. Assaisonner le risotto au goût avec du sel et du poivre.

77. Risotto aux crevettes

Rendement : 4 portions

Ingrédients:

- 550 grammes Crevettes crues avec tête
- 1¼ litre de bouillon de légumes ou de poulet
- 85 grammes Beurre non salé
- 2 échalotes ; haché
- 2 gousses d'ail ; haché
- 300 grammes Riz Risotto
- 1 petit brin de romarin ; 4cm de long
- 1 feuille de laurier
- 250 grammes de tomates mûres, hachées
- 1 Verre de vin blanc sec généreux
- 2 cuillères à soupe de persil haché
- 3 cuillères à soupe de cicely doux haché
- 30 grammes de parmesan; fraîchement râpé
- Sel et poivre

Les directions:

a) Décortiquer les crevettes en gardant la chair. Faites chauffer 15 g de beurre dans une casserole assez grande pour le bouillon avec de la place.

b) Lorsqu'il mousse, ajouter les carapaces et les têtes de crevettes et remuer jusqu'à ce qu'elles prennent une jolie couleur rose crustacé. Ajouter le bouillon et 600 ml/1 pinte d'eau et faire bouillir. Laisser mijoter pendant 30 minutes pour extraire la saveur des crevettes et filtrer.

c) Pour les crevettes : si vous voyez une ligne noire couler sur leur dos, faites une incision avec la pointe d'un couteau bien aiguisé dans le dos et retirez le fin boyau noir juste en dessous de la surface. S'il s'agit de crevettes tigrées, royales ou d'un type de grosse crevette, coupez-les en deux ou en trois.

d) Faites bouillir à nouveau le bouillon si nécessaire et réduisez le feu à un fil pour qu'il reste chaud et ne bout pas. Faire fondre 45 g/1 1/2 oz de beurre restant dans une grande casserole.

e) Faire revenir les échalotes et l'ail très doucement dans le beurre jusqu'à ce qu'ils soient translucides, sans coloration. Ajouter le romarin, le riz et le laurier dans la casserole et remuer pendant environ une minute jusqu'à ce que le riz devienne translucide.

f) Ajouter les tomates, le persil et le vin. Salez et poivrez abondamment et portez à ébullition. Remuez continuellement le mélange de riz jusqu'à ce que tout le liquide soit absorbé. Ajouter une bonne louche de bouillon et remuer jusqu'à ce que tout soit également absorbé.

g) Répétez jusqu'à ce que le riz soit tendre mais avec une légère fermeté, mais certainement pas crayeux. La consistance doit être proche de la soupe, car il reste encore quelques minutes.

h) Le temps nécessaire pour que le liquide soit absorbé et que le riz soit cuit doit être d'environ 20 à 25 minutes.

i) Incorporer enfin les crevettes et le cicely sucré et cuire en remuant encore 2-3 minutes, jusqu'à ce que les crevettes soient roses. Incorporer le reste du beurre et du parmesan, goûter et rectifier l'assaisonnement, puis servir.

78. Risotto aux calamars

Rendement : 1 portions

Ingrédients:

- 1½ livres de calmars avec des tentacules
- 4 cuillères à soupe d'huile d'olive
- 1 gros oignon ; haché
- 1 piment; haché
- 1 tomate ; pelé, haché
- 2 gousse d'ail; haché
- 1 cuillère à soupe de persil, haché
- Sel casher; goûter
- Poivre; goûter
- 1 pincée de fils de safran
- ½ piment chili, déveiné; en miettes
- ¼ tasse de vin rouge sec
- 2 tasses de riz à grains courts
- 3 tasses de bouillon de poisson ou de jus de réclamation, porté à ébullition

- 1 piment, coupé en lanières

Sauce à l'ail

- 3 gousses d'ail écrasées
- ½ tasse d'huile d'olive

Les directions:

a) Nettoyez les calamars en réservant leurs sacs d'encre et les tentacules. Couper le calmar en anneaux de ½ pouce de large ou en morceaux. Hacher les tentacules.

b) Dans une casserole large et peu profonde, de préférence en terre cuite et d'environ 12 pouces de diamètre, chauffer l'huile et faire revenir l'oignon jusqu'à ce qu'il soit flétri.

c) Ajouter les rondelles et les tentacules de calmar et faire sauter pendant 5 minutes; puis ajoutez le piment haché, la tomate, l'ail, le persil, le sel, le poivre, le safran et le piment.

d) Couvrir et laisser mijoter 30 minutes. Casser les sacs d'encre dans une tasse et mélanger avec le vin. Passez ce mélange à travers un tamis plusieurs fois jusqu'à ce que la majeure partie de l'encre soit extraite. Réserve.

e) Ajouter le riz et le bouillon chaud bouillant dans la casserole et incorporer le mélange d'encre. Assaisonnez avec du sel et du poivre. Porter à ébullition et cuire à feu moyen-élevé, à découvert et en remuant de temps en temps, pendant 10 minutes, ou jusqu'à ce que le riz ne soit plus velouté mais qu'il reste du liquide.

f) Décorer avec les lanières de piment et transférer dans un four à 325 degrés. Cuire au four pendant 15 minutes, à découvert, jusqu'à ce que le liquide soit absorbé mais que le riz ne soit pas tout à fait cuit. Retirer du four, couvrir légèrement de papier d'aluminium et laisser reposer 10 minutes.

g) Pendant que le riz repose, préparez la sauce à l'ail. Placer l'ail écrasé dans un robot ou un mélangeur. Très progressivement, moteur tournant, versez l'huile. Mélanger jusqu'à consistance lisse. Servir séparément.

79. Risotto de lotte au safran

Rendement : 1 portions

Ingrédients:

- 6 petits farcis de lotte
- Riz
- 1 sachet de safran
- 2 cuillères à soupe de beurre
- 1 cube de fumet de poisson
- huile marinée; ou huile d'olive pour la friture
- Sel de mer; une pincée
- Poivre; une pincée

Les directions:

a) Faire bouillir le riz selon les instructions du paquet, ajouter le fumet de poisson et le safran.

b) Ajouter le beurre quand c'est prêt.

c) Placer les morceaux de poisson sur une plaque chauffante et cuire sur la plaque de cuisson des deux côtés pendant environ 10 minutes.

d) Saupoudrer de sel de mer et de poivre sur le poisson et arroser un peu d'huile marinée ou simplement d'huile d'olive.

e) Mélanger le riz et le poisson pour faire un risotto.

80. Risotto marinara

Rendement : 1 portions

Ingrédients:

- 1 cuillère à soupe d'huile d'olive
- 2 gousses d'ail ; haché
- 200 grammes Calamars; lavé
- 200 grammes Crevettes vertes crues; têtes et coquilles retirées
- 1 filet de saumon atlantique de 200 grammes; en dés
- ½ tasse de persil haché
- 1 cuillère à soupe d'huile d'olive
- 10 oignons nouveaux; haché
- 400 grammes de riz Ferron
- 300 millilitres de vin blanc sec
- 800 millilitres de bouillon de poisson riche ; mijoter
- 4 tomates Roma; haché finement
- 1 cuillère à soupe de crème sure
- 2 cuillères à soupe de parmesan râpé

- ½ tasse de persil finement haché

Les directions:

a) Faire chauffer l'huile d'olive et faire revenir doucement l'ail.

b) Ajouter les fruits de mer préparés et cuire brièvement jusqu'à ce que le poisson et les crustacés soient opaques, en ajoutant le persil au dernier moment. Retirer du feu et mettre de côté.

c) Faites chauffer la cuillère à soupe d'huile d'olive restante et faites revenir les oignons nouveaux. Ajouter le riz en remuant pour bien l'enrober.

d) Ajouter le vin blanc et laisser absorber puis ajouter le premier bouillon de poisson ainsi que les tomates finement hachées.

e) Poursuivre la cuisson en ajoutant d'autres ajouts de bouillon au fur et à mesure que le précédent est absorbé.

f) Lorsqu'il ne reste plus qu'une petite quantité de bouillon, ajouter le mélange de poisson cuit et tous ses jus avec le dernier ajout de bouillon et continuer à mijoter pendant environ 2 minutes, ou jusqu'à ce que la majeure partie du liquide soit absorbée.

g) Ajouter la crème sure, le fromage et le persil, bien mélanger pour incorporer et servir immédiatement.

81. Risotto aux scampis

Rendement : 6 portions

Ingrédients:

- ½ livre de crevettes - décortiquées
- 1 gousse d'ail -- hachée
- 3 cuillères à soupe de jus de citron
- 1 cuillère à soupe de persil - finement haché
- 3 cuillères à soupe de beurre
- 1 gousse d'ail -- hachée
- 1 petit oignon - finement haché
- 1¼ tasse de bouillon de poulet
- ½ tasse de vin blanc
- 1 tasse de riz arborio
- ¼ tasse de parmesan - râpé

Les directions:

a) POUR PRÉPARER LES CREVETTES : Peler, déveiner et couper en deux. Mélanger avec le jus de citron, l'ail et le persil.

b) Placer dans un plat en verre et cuire au micro-ondes pendant 3 minutes à puissance élevée. Mettre de côté.

c) POUR PRÉPARER LE RISOTTO : Dans un plat de service en verre, mélanger le beurre, l'ail et l'oignon. Cuire à puissance élevée 2-3 minutes. Incorporer le riz pour enrober. Ajouter le bouillon chauffé et le vin. Couvrir et cuire à puissance élevée 6 minutes jusqu'à ébullition.

d) Réduire fort à moyen et cuire encore 6 minutes. Incorporer les crevettes et leur jus et cuire 3 minutes à feu vif. Incorporer le fromage et laisser reposer 5 minutes.

82. Gratin de risotto au maïs et au fromage

Rendement : 4 portions

Ingrédients:

- 1 cuillère à soupe de beurre
- 1 oignon, haché
- 1 tasse de poivron rouge doux, haché
- 1 tasse de poivron vert doux, haché
- 1 tasse de riz Arborio ou à grains courts
- 1½ tasse d'eau chaude
- 2 tasses de grains de maïs
- 1 tasse de lait
- 1 oeuf
- 2 cuillères à café de farine tout usage
- 1¼ cuillère à café de sel
- ¾ cuillère à café de poivre
- 2 tasses de cheddar fort blanc, râpé
- ⅓ tasse de basilic frais, haché
- 1 tomate, tranchée

- 1 cuillère à soupe de parmesan, fraîchement râpé

Les directions:

a) Dans une grande casserole, faire fondre le beurre à feu moyen; cuire l'oignon et les poivrons rouges et verts, en remuant de temps à autre, pendant 5 minutes. Ajouter le riz; cuire, en remuant, pendant 1 minute. Ajouter l'eau et le maïs; faire bouillir.

b) Réduire le feu à doux; couvrir et cuire environ 15 minutes ou jusqu'à ce que le liquide soit absorbé.

c) Fouetter ensemble le lait, l'œuf, la farine, le sel et le poivre ; incorporer au mélange de riz avec le cheddar et le basilic. Verser dans un plat de cuisson carré de 8 pouces graissé. Disposer les tranches de tomates sur le dessus; saupoudrer de parmesan.

d) Cuire sur une plaque à pâtisserie au four à 350F 180C pendant 25-35 minutes ou jusqu'à ce que le liquide soit absorbé. Laisser reposer 5 minutes.

83. Risotto iotien

Rendement : 6 portions

Ingrédients

- 4 cuillères à soupe de beurre
- 2½ tasse d'oignons ; hacher
- 2½ tasse de riz cru à grains longs
- 1 verre de vin blanc sec
- 5 tasses de bouillon de poulet
- 1½ cuillère à café de sel
- ½ livre de fromage suisse; grille
- 2 cuillères à soupe de beurre
- 7 onces de champignons en boîte
- 2 cuillères à soupe de persil; hacher

Les directions:

a) Faire fondre le beurre dans une casserole de 4 pintes et y faire revenir les oignons jusqu'à ce qu'ils soient dorés. Ajouter le riz en remuant jusqu'à ce qu'il soit bien enrobé de beurre.

b) Ajouter le vin blanc et le bouillon (qui peut être en partie bouillon de poulet et en partie eau) et le sel.

c) Porter à ébullition, couvrir et laisser mijoter jusqu'à ce que le riz soit tendre. Le liquide sera absorbé, mais le riz ne sera pas sec et mousseux. Le temps de cuisson à partir du moment où le riz commence à bouillir jusqu'à ce qu'il soit tendre doit être d'environ 20 minutes.

d) Ajouter le fromage suisse en remuant pour bien l'incorporer et le faire fondre.

e) Retirer la casserole du feu et réserver, couvert. Faire fondre le beurre dans la casserole et ajouter les champignons égouttés.

f) Faites-les cuire quelques minutes jusqu'à ce qu'ils soient bien chauds. Ne les faites pas dorer.

g) Mettez le riz cuit dans un grand bol, saupoudrez de persil puis versez les champignons sur le tout. Sers immédiatement.

84. Risotto de couscous au pecorino

Rendement : 1 portions

Ingrédients

- ⅓ tasse d'échalotes ou d'oignons verts, hachés
- 1 cuillère à soupe d'ail émincé
- 2 tasses de champignons shiitake, tranchés, tiges retirées
- 2 cuillères à soupe d'huile d'olive
- 2 tasses de couscous de type israélien (grand)
- ½ tasse de vin blanc sec
- 4 tasses de bouillon de poulet ou de légumes riche
- 1 cuillère à soupe de zeste de citron, râpé
- ½ tasse de tomates mûres fermes, épépinées, coupées en dés
- ¼ tasse de ciboulette, hachée
- ½ tasse de fromage Pecorino, fraîchement râpé
- Champignons sauvages frais, grillés
- Oignons Grillés

Les directions:

a) Faire revenir les échalotes, l'ail et les shiitakes dans l'huile d'olive jusqu'à ce qu'ils soient légèrement colorés. Ajouter le couscous et faire sauter pendant une minute ou deux de plus. Ajouter le vin et 1 tasse de bouillon et remuer de temps en temps jusqu'à ce que le liquide soit absorbé.

b) Ajouter le reste du bouillon et poursuivre la cuisson en remuant de temps en temps jusqu'à ce que le bouillon soit presque absorbé (environ 10 minutes). Incorporer le zeste de citron, les tomates, la ciboulette et le fromage et servir immédiatement dans des bols chauds garnis de champignons grillés et d'oignons verts si désiré.

85. Risotto milanais

Rendement : 1 portions

Ingrédients

- 1 lait moyen à 1 % ; haché
- 5 cuillères à soupe de beurre
- 3 cuillères à soupe d'huile d'olive
- 2 tasses de riz arborio
- $\frac{3}{4}$ tasse de vin blanc
- $\frac{1}{2}$ tasse de parmesan Reggiano
- 6 tasses de bouillon ; (jusqu'à 8)
- 1 pincée de safran

Les directions:

a) Chauffez le bouillon jusqu'à ébullition, puis réduisez le feu pour le réchauffer, de sorte qu'il soit juste en dessous de mijoter pendant toute l'opération. Sortez environ $\frac{1}{2}$ C de bouillon et ajoutez-y une assez grosse pincée de safran écrasé.

b) Dans votre poêle à risotto, faites fondre doucement 3 cuillères à soupe de beurre avec 3 cuillères à soupe d'huile d'olive. Ajoutez ensuite l'oignon, augmentez le feu à doux et faites sauter jusqu'à ce que les oignons soient tendres et dorés. Remuer, de plus en plus vers la fin, pour qu'ils ne brûlent pas. Pendant ce temps, râpez environ ½ C de fromage.

c) Lorsque les oignons sont cuits, ajoutez le riz, augmentez le feu à moyen et remuez pendant environ 3 minutes jusqu'à ce que le riz ressemble à un bijou.

d) Ajouter le vin et le laisser grésiller et s'évaporer. Commencez à ajouter le bouillon, environ une tasse à la fois. Ajoutez-le en remuant constamment et laissez-le absorber, puis ajoutez une autre tasse, et ainsi de suite, jusqu'à ce qu'il soit al dente.

e) Lorsque le riz est presque terminé (et devient crémeux), vous pouvez ajouter le bouillon une demi-tasse à la fois afin qu'il ne devienne pas trop liquide.

f) Ajouter le bouillon au safran environ 20 minutes.

g) Le risotto est cuit quand il est cuit mais al dente. Goûtez constamment au fur et à mesure que vous allez surveiller. Éteignez le feu. Incorporer le fromage et le beurre restant. Remuer.

h) Ajustez le sel. Servir avec le vin restant.

86. Risotto aux trois fromages

Rendement : 8 portions

Ingrédients

- 1 cuillère à soupe d'huile d'olive
- 1 tasse d'oignons hachés
- 1 sel; goûter
- 1 poivre blanc fraîchement moulu; goûter
- 6 tasses de bouillon de poulet
- 2 cuillères à café d'ail haché
- 1 livre de riz arborio
- 1 cuillère à soupe de beurre
- $\frac{1}{4}$ tasse de crème épaisse
- $\frac{1}{4}$ tasse de fromage parmigiano-reggiano râpé
- $\frac{1}{4}$ tasse de fromage romano râpé
- $\frac{1}{4}$ tasse de fromage asiago râpé
- 2 cuillères à soupe de ciboulette hachée

Les directions:

a) Dans une grande sauteuse, à feu moyen, ajouter l'huile d'olive. Lorsque l'huile est chaude, ajouter l'oignon et assaisonner de sel et de poivre.

b) Faire sauter pendant 3 minutes ou jusqu'à ce que les oignons soient légèrement tendres. Ajouter le bouillon et l'ail. Porter le liquide à ébullition et réduire à feu doux. Cuire 6 minutes.

c) Ajouter le riz et laisser mijoter pendant 18 minutes, en remuant constamment, ou jusqu'à ce que le mélange soit crémeux et bouillonnant. Ajouter le beurre, la crème, le fromage et la ciboulette. Assaisonnez avec du sel et du poivre. Laisser mijoter 2 minutes et servir immédiatement.

87. Risotto aux jalapeños et fromage jack

Rendement : 6 portions

Ingrédients

- 6 tasses de bouillon de poulet non salé
- ½ tasse de beurre non salé
- 1 tasse d'oignon haché
- 6 piments Jalapeño moyens; graine/haché
- 1 gousse d'ail; haché
- 1½ tasse de riz arborio
- 1 tasse de fromage Dry Jack

Les directions:

a) Dans une casserole à fond épais, porter le bouillon à ébullition à feu vif. Retirer du feu et réserver au chaud.

b) Dans une grande casserole à fond épais, faire fondre le beurre à feu modérément doux. Ajouter l'oignon, le jalapeño et l'ail et cuire, en remuant de temps en temps, jusqu'à ce qu'ils soient ramollis, de 6 à 8 minutes. Ajouter le riz et remuer pour bien l'enrober de beurre.

c) Incorporer 1 tasse de bouillon chaud et cuire, en remuant, jusqu'à ce que le liquide soit absorbé, 10 à 12 minutes.

d) Continuez à cuire le risotto, en ajoutant du bouillon chaud, $\frac{1}{2}$ tasse à la fois, et en remuant jusqu'à ce qu'il soit absorbé et que les grains soient juste tendres mais encore fermes à mordre, 30 à 40 minutes.

e) Râper le fromage. Incorporer $\frac{1}{3}$ tasse de fromage au risotto. Couvrir et laisser reposer 3 minutes. Servir sur des assiettes et passer le reste du fromage et du moulin à poivre séparément. Pour 6 personnes en entrée.

88. Risotto aux poireaux et mascarpone

Rendement : 1 portions

Ingrédients:

- $3\frac{1}{2}$ pinte de bouillon de légumes ou de poulet
- 3 onces de beurre non salé
- 4 poireaux ; en tranches (partie blanche
- ; seul)
- 1 cuillère à café de feuilles de thym hachées
- 6 onces de fromage Mascarpone
- 2 oignons ; haché finement
- 1 livre de riz arborio ou cararoni
- 1 verre de vin blanc sec
- 3 onces de parmesan râpé
- 4 cuillères à soupe de persil haché
- Sel et poivre noir moulu
- Graines de tournesol; grillé

Les directions:

a) Faites fondre la moitié du beurre dans une poêle, ajoutez les oignons, le thym et les poireaux et faites-les suer pendant 5-6 minutes. Ajouter le riz et cuire jusqu'à ce qu'il soit complètement enrobé de beurre.

b) Versez le vin, remuez puis ajoutez le bouillon petit à petit et laissez cuire environ 15 minutes. Incorporer ensuite le fromage mascarpone, suivi du parmesan.

c) Ajouter le persil haché et le reste du beurre pour donner un éclat soyeux au plat. Assaisonner de poivre noir moulu et de sel et remuer à nouveau.

d) Verser le risotto dans un plat et garnir de persil et de graines de tournesol grillées.

89. Risotto aux noix de pesto

Rendement : 4 portions

Ingrédients:

- 1½ cuillère à soupe d'huile végétale
- ¾ tasse d'oignon, haché
- 1 tasse de riz arborio
- 3 tasses de bouillon de poulet faible en gras
- ¼ tasse de pesto presque sans gras
- ½ tasse de noix
- ¾ tasse de parmesan
- Poivre noir fraichement moulu

Les directions:

a) Chauffer l'huile dans un plat de 2 pintes allant au micro-ondes à puissance élevée pendant 2 minutes. Incorporer l'oignon et cuire à High pendant 2:30. Incorporer le riz pour l'enrober d'huile et cuire 1h30. Ajouter 2 tasses de bouillon et cuire à feu vif pendant 14 minutes, en remuant une fois.

b) Ajouter le reste du bouillon et du pesto et cuire 12 minutes en remuant une fois. Vérifier la cuisson pendant les dernières minutes de cuisson. Retirer du micro-ondes et incorporer les noix et le parmesan. Sers immédiatement.

90. Risotto aux huit herbes

Rendement : 4 portions

Ingrédients:

- Huile d'olive vierge extra
- 1 gousse d'ail
- 7 onces de riz antiadhésif
- 1 verre de vin blanc
- 4 tomates pelées; haché
- sel
- 1 noisette de beurre
- 4 cuillères à soupe de Parmigiano Reggiano
- 3 cuillères à soupe de crème
- 6 feuilles de basilic
- 4 feuilles de sauge
- 1 touffe de persil
- Quelques aiguilles de romarin frais
- 1 pincée Thym
- 1 touffe de ciboulette

- 3 brins d'aneth frais

Les directions:

a) Hacher finement les herbes et les faire revenir légèrement dans un peu d'huile d'olive, avec l'ail.

b) Pendant ce temps, faire cuire les tomates concassées dans de l'eau salée.

c) Retirer l'ail et ajouter le riz, faire sauter brièvement et ajouter une tasse de vin blanc.

d) Lorsque le liquide s'évapore, ajouter les tomates concassées.

e) Ajouter une noisette de beurre, un parmesan abondant et quelques cuillerées de crème à la fin.

91. Risotto au vin blanc pétillant

Pour 4 personnes

Ingrédients:

- 1 oignon, pelé et haché finement
- 1/2 à 1 bouteille de Spumante sec
- 1/4 branche de céleri, haché très finement
- 1,2 litre (2 pintes) de bouillon de poulet
- 75 g (3 oz) de beurre non salé
- sel de mer et poivre noir fraîchement moulu
- 400g (14 oz) de préférence riz Arborio
- 50 g (2 oz) de fromage Grana Padano râpé

Les directions:

a) Faire revenir l'oignon et le céleri très doucement dans la moitié du beurre jusqu'à ce qu'ils soient tendres et translucides.

b) Ajouter tout le riz et faire griller les grains en les retournant dans le beurre et l'oignon jusqu'à ce qu'ils soient très chauds mais non dorés.

c) Incorporer un grand verre rempli de Spumante et remuer jusqu'à ce que l'alcool se soit évaporé, puis ajouter plus de vin et répéter.

d) Lorsque tout le vin, à l'exception d'un dernier verre, est épuisé et que les vapeurs d'alcool se sont évaporées, commencez à ajouter le bouillon chaud.

e) Remuez constamment et laissez tout le liquide être absorbé avant d'en ajouter plus.

f) Continuez à cuire le riz de cette façon, en remuant et en vous assurant que le riz absorbe toujours le bouillon avant d'ajouter plus de liquide.

g) Lorsque le risotto est crémeux et velouté, mais que les grains de riz sont encore fermes sous la dent, retirez-le du feu et incorporez le beurre restant, le fromage et le dernier verre de Spumante.

h) Rectifiez l'assaisonnement et couvrez pendant environ 2 minutes, puis remuez doucement une fois de plus et transférez sur un plat chaud.

92. Risotto aux pommes

Rendement : 1 portions

Ingrédients:

- 2 cuillères à soupe de beurre doux; plus 2T
- 2 cuillères à soupe d'huile d'olive vierge
- 1 gros oignon rouge; haché finement
- 2 pommes Granny Smith, pelées, évidées; morceaux de 1/8" tranchés
- $1\frac{1}{2}$ tasse de riz arborio
- 1 verre de vin blanc sec
- 4 tasses de bouillon de poulet maison
- $\frac{1}{4}$ tasse de Parmigiano-Reggiano fraîchement râpé
- 1 botte de persil plat italien
- Sel et poivre noir moulu; goûter

Les directions:

a) Faites chauffer 2 cuillères à soupe de beurre doux et d'huile d'olive vierge jusqu'à ce qu'ils soient fondus ensemble.

b) Ajouter l'oignon et cuire à feu moyen jusqu'à ce qu'il soit tendre et pas encore doré. Ajouter les pommes et le riz et cuire environ 3 à 4 minutes, jusqu'à ce que le riz ait acquis une qualité opaque nacrée. Ajouter le vin et laisser mijoter jusqu'à évaporation.

c) Ajouter suffisamment de bouillon de poulet chaud pour couvrir le riz et cuire jusqu'à ce que le niveau du liquide descende sous le dessus du riz.

d) Poursuivre la cuisson en ajoutant du bouillon et en remuant constamment jusqu'à ce qu'il n'y ait presque plus de bouillon, environ 15 à 18 minutes.

e) Incorporer les 2 cuillères à soupe de beurre restantes, le fromage râpé et le persil et assaisonner avec du sel et du poivre. Servir immédiatement avec du fromage râpé supplémentaire sur le côté.

93. Crêpes au risotto aux fraises

Rendement : 1 portions

Ingrédients:

- Des fraises; haché
- riz arborio
- Oignons coupés en dès
- Beurre
- Lait de coco
- Crème
- Bouillon de légumes
- vin blanc
- Crêpes prêtes à l'emploi
- Du sucre
- Beurre
- Citron
- Des oranges
- Chaux
- Brandy

Les directions:

a) Mettre un peu de beurre dans une poêle chaude. Ajouter l'huile d'olive, les oignons et cuire jusqu'à ce qu'ils soient bruns, puis ajouter le riz et faire sauter.

b) Ajouter le vin blanc, les fraises et le bouillon de légumes. Bien mélanger. Dans une petite casserole, faites chauffer quelques fraises supplémentaires et ajoutez le sucre et le cognac. Ajoutez-le au risotto avec un peu de beurre supplémentaire, du lait de coco et de la crème liquide.

Crêpes:

c) Faire chauffer un peu de beurre dans une poêle et ajouter le sucre, le citron, le jus d'orange et laisser dorer. Introduire les pancakes dans le mélange et garnir de zestes de citrons, d'oranges et de limes.

d) Ajouter le brandy et flamber, puis ajouter le jus d'orange et de citron.

e) Servir avec une glace à la noix de coco.

94. Risotto au potimarron et aux pommes

Rendement : 8 portions

Ingrédients:

- 2 tasses de citrouille cuite au four ; en purée
- 2 tasses de cidre de pomme ; ou jus de pomme
- 2 cuillères à soupe d'huile d'olive; divisé
- 2 tasses de riz arborio
- 2½ tasse d'eau chaude; divisé, jusqu'à 3 tasses
- ½ tasse d'oignon haché
- ½ tasse de pommes pelées; épépiné et coupé en dés
- ¼ tasse de poivron rouge rôti; pelé, épépiné et coupé en dés
- ½ piment Scotch Bonnet; épépiné et haché OU 1 cuillère à café de sauce piquante en bouteille
- ¼ tasse de piment poblano rôti; pelé, épépiné et coupé en dés
- ½ cuillère à café de cannelle moulue
- ¼ cuillère à café de piment de la Jamaïque moulu
- 2 cuillères à soupe de marjolaine fraîche
- 1 cuillère à café de sel

- ¾ cuillère à café de poivre noir fraîchement moulu
- ¼ tasse de graines de citrouille décortiquées

Les directions:

a) Placer 1 tasse de purée de citrouille dans une casserole avec du cidre ou du jus. Porter à ébullition, cuire jusqu'à ce qu'il soit chaud, environ 2 minutes. Réserver, réserver au chaud.

b) Dans une autre casserole, chauffer la moitié de l'huile à feu moyen-doux. Ajouter le riz; faire revenir jusqu'à ce que chaque grain soit enrobé d'huile. Incorporer 2 tasses d'eau chaude; porter à ébullition. poursuivre la cuisson et remuer jusqu'à ce que la majeure partie de l'eau soit absorbée.

c) Ajouter le mélange citrouille-cidre ¼ tasse à la fois, en alternant avec le reste de l'eau chaude, en remuant et en cuisant lentement entre chaque ajout jusqu'à ce que le liquide soit absorbé et que le riz soit al dente, environ 20 minutes. Retirer du feu; Garder au chaud.

d) Dans une sauteuse moyenne, chauffer le reste de l'huile à feu moyen-doux. Faire sauter l'oignon jusqu'à ce qu'il soit tendre, environ 2 minutes. Ajouter la pomme; cuire 1 à 2 minutes de plus. Incorporer le poivron, les piments, les épices sèches et le reste de la purée de citrouille.

e) Incorporer le mélange au riz chaud. Juste avant de servir, incorporer les graines de courge et rectifier l'assaisonnement. Donne 8 à 10 portions.

95. Risotto à l'orange

Rendement : 4 portions

Ingrédients:

- 1 oignon moyen, haché
- 2 cuillères à soupe d'huile végétale
- 1 tasse de riz brun
- 4 tasses de bouillon de légumes
- 1 livre de tofu ferme, coupé en lanières
- 1 petite boîte de châtaignes d'eau, égouttées, rincées et tranchées finement
- ½ tasse de raisins secs
- 2 cuillères à café de Tamari
- 1 orange, jus et zeste râpé
- 1 trait de cannelle
- 2 cuillères à soupe de persil, haché
- Sel et poivre, au goût
- 4 cuillères à soupe de noix de cajou

Les directions:

a) Faire revenir l'oignon dans l'huile à feu moyen pendant 2 à 3 minutes en remuant de temps en temps. Incorporer le riz et cuire 1 minute. Versez le bouillon, couvrez et portez à ébullition. Réduire le feu et laisser mijoter pendant 40 minutes.

b) Pendant que le riz cuit, mélanger les lanières de tofu, les châtaignes d'eau, les raisins secs, le tamari, le zeste et le jus d'orange. Ajouter la cannelle et le persil. Mettre de côté.

c) Lorsque le riz est cuit, incorporer le mélange de tofu et chauffer doucement. Assaisonner de sel et de poivre. Servir chaud garni de noix.

96. Risotto aux pêches et raisins secs

Rendement : 4 portions

Ingrédients:

- 2 paquets de pêches au sirop surgelées
- Décongelé (10 oz chacun)
- 4 cuillères à soupe de beurre non salé ou
- Margarine
- ½ tasse de groseilles
- 1 tasse de riz arborio
- 2 cuillères à soupe de rhum brun
- 2 cuillères à soupe de sucre granulé
- ½ tasse de crème épaisse
- cassonade

Les directions:

a) Égoutter les pêches en réservant le sirop. Couper les pêches en morceaux de ½ pouce. Dans une casserole moyenne, mélanger le sirop avec suffisamment d'eau pour mesurer 4 tasses.

b) Porter à frémissement et maintenir à frémissement à feu modérément doux. Dans une grande casserole non réactive ou une cocotte anti-feu, faire fondre 2 cuillères à soupe de beurre à feu modéré.

c) Ajouter les groseilles et cuire 2 minutes. Ajouter le riz et remuer pendant 1 à 2 minutes, jusqu'à ce qu'il soit bien enrobé de beurre et légèrement translucide. Ajouter le rhum et cuire jusqu'à ce qu'il s'évapore.

d) Ajouter ½ tasse de sirop frémissant et cuire, en remuant constamment, jusqu'à ce que le riz ait absorbé la majeure partie du liquide. Ajuster la chaleur si nécessaire pour maintenir un frémissement.

e) Ajouter graduellement le sirop, ½ tasse à la fois, cuire, en remuant constamment, jusqu'à ce que le riz soit Ajouter le sucre granulé, les pêches réservées et la crème épaisse.

f) Continuez à cuire, en remuant et en ajoutant du sirop au besoin, ¼ tasse à la fois, jusqu'à ce que le riz soit tendre mais encore ferme et lié avec une sauce crémeuse, 3 à 6 minutes de plus.

g) Incorporer les 2 cuillères à soupe de beurre restantes et servir immédiatement. Passer un bol de cassonade à part.

97. Risotto aux agrumes

Rendement : 2 portions

Ingrédients

- ½ cuillère à soupe d'huile d'olive
- 1 gousse d'ail
- ½ oignon
- ¾ tasse de riz à grains courts
- 1 cuillère à café de zeste de citron râpé
- 1 cuillère à café de zeste d'orange râpé
- ⅛ tasse de jus de citron
- ¼ tasse de jus d'orange
- 1¾ tasse de légumes chauds. bouillon ou eau
- ½ cuillère à soupe de zeste d'orange râpé
- ½ cuillère à soupe de zeste de citron râpé

Les directions:

a) Faire chauffer l'huile dans une grande poêle. Ajouter l'ail et l'oignon et cuire à feu doux pendant 2-3 minutes.

Incorporer le riz en s'assurant que les grains sont bien enrobés d'huile.

b) Ajouter les zestes de citron et d'orange râpés, les jus, le bouillon ou l'eau.

c) Porter à ébullition puis réduire le feu à frémissement.

d) Couvrir et cuire 25 minutes ou jusqu'à ce que le riz soit tendre.

e) Placer le riz sur un plat de service, garni d'un mélange de zeste d'orange et de citron râpé.

f) Sers immédiatement

VIALONE NANO

98. Risotto aux quatre fromages

Pour 4 personnes

Ingrédients:

- 75 g (3 oz) de beurre non salé
- 5 cuillères à soupe de fromage Grana Padano râpé
- 1 oignon de taille petite à moyenne, pelé et haché finement
- 40 g (1 1/2 oz) de fromage Fontina, coupé en cubes
- 350 g (12 oz) de riz Vialone Nano
- 40 g (1 1/2 oz) de fromage emmenthal, coupé en cubes
- 1,2 litre (2 pintes) de bouillon
- 25g (1oz) Gorgonzola ou Dolcelatte
- Sel de mer et poivre noir fraîchement moulu

Les directions:

a) Faire revenir l'oignon dans la moitié du beurre environ 10 minutes à feu très doux, ou jusqu'à ce que l'oignon soit tendre mais pas coloré.

b) Incorporer le riz et faire bien griller les grains de tous les côtés, afin qu'ils soient opaques mais non colorés.

c) Ajoutez la première louche de bouillon chaud et mélangez.

d) Continuez ensuite normalement en ajoutant le bouillon, en laissant le riz absorber le liquide et toute sa saveur, en remuant constamment.

e) Lorsque le riz est presque complètement mou et crémeux, incorporer tout le fromage et le reste du beurre.

f) Goûtez et rectifiez l'assaisonnement, puis couvrez et laissez reposer environ 3 minutes avant de transférer sur un plat pour servir.

BALDO RISOTTO

99. Risotto Champignons-Asperges

Portions : 4

Ingrédients

- 7 tasses de bouillon de poulet ou de légumes moins salé
- Sel casher
- 1/4 tasse d'huile d'olive extra vierge
- 1-1/4 tasses d'échalotes hachées
- 2 c. ail haché
- 7 onces. champignons blancs, cremini, pleurotes ou portobello, équeutés, nettoyés et hachés grossièrement (2 tasses)
- 12-1/4 oz. (1-3/4 tasses) de riz baldo turc
- 1/2 tasse de vin blanc sec
- 6 onces. pointes d'asperges moyennes (environ 10), parées et coupées en diagonale en morceaux de 1 pouce (1 tasse)
- 1 once. Pecorino Romano ou Parmigiano-Reggiano, finement râpé
- Poivre noir fraîchement moulu

Les directions:

a) Mettez le bouillon dans une casserole de 3 pintes, ajoutez une pincée de sel et portez à ébullition à feu vif; baisser le feu pour maintenir un frémissement.

b) Chauffez l'huile dans une large casserole robuste de 5 à 6 pintes à feu moyen-vif. Ajouter les échalotes, baisser le feu à moyen et cuire, en remuant de temps en temps, jusqu'à ce qu'elles soient ramollies et translucides, environ 3 minutes. Ajouter l'ail et cuire, en remuant, jusqu'à ce qu'il soit ramolli et parfumé, environ 1 minute. Ajouter les champignons, augmenter le feu à vif et cuire, en remuant fréquemment, jusqu'à ce qu'ils soient ramollis, environ 2 minutes. Baisser le feu à moyen, ajouter le riz et cuire, en remuant souvent, jusqu'à ce que le riz soit légèrement grillé, environ 3 minutes.

c) Ajouter le vin et cuire, en remuant, jusqu'à ce qu'il soit presque entièrement absorbé, environ 30 secondes.

d) Incorporer environ 1-1/2 tasse de bouillon frémissant dans le riz. Baisser le feu pour maintenir un frémissement et cuire, en remuant fréquemment, jusqu'à ce que la majeure partie du bouillon soit absorbée, environ 1 minute. Ajouter un autre 1-1/2 tasse de bouillon et cuire, en remuant fréquemment, jusqu'à ce que la majeure partie soit absorbée, environ 3 minutes. Répétez le processus une ou deux fois de plus, en goûtant le riz toutes les quelques minutes après le troisième ajout de bouillon jusqu'à ce qu'il soit juste ferme sous la dent mais sans centre croustillant, environ 12 minutes après le premier ajout de bouillon.

e) Incorporer les asperges et 1 tasse de bouillon. Couvrir, baisser le feu à doux et cuire jusqu'à ce que les asperges soient tendres et croquantes et que le riz soit tendre mais avec une certaine résistance, environ 5 minutes. Retirer du feu et incorporer le fromage. Couvrir et laisser reposer 5 minutes. Assaisonner au goût avec du sel et servir aussitôt, saupoudré de poivre noir.

f) Asperges Poivre noir Champignons cremini Ail Sel casher Huile d'olive

100. Risotto aux épinards et aux champignons de saison

Portions 2

Ingrédients

- 200 g de riz turc Baldo
- 150 g de champignons de saison nettoyés et hachés grossièrement
- 1 oignon pelé et haché finement
- 2 poignées de feuilles d'épinards lavées et hachées grossièrement
- 1 gousse d'ail pelée et hachée finement
- 1 cuillère à soupe de parmesan finement râpé
- 2 noix de beurre
- 1,5 litre de bouillon de poulet ou de légumes
- 1 cuillère à soupe d'huile d'olive pour servir - facultatif
- 1 cuillère à café de flocons de piment pour servir - facultatif

Les directions:

a) Dans un premier temps, dans une grande casserole, portez votre bouillon à ébullition puis laissez mijoter à feu doux.

b) Dans une casserole à part, faites fondre votre beurre à feu moyen et ajoutez l'oignon.

c) Faites frire votre oignon doucement pendant quelques minutes jusqu'à ce qu'il commence à transpirer.

d) Ajoutez maintenant votre ail et poursuivez la cuisson 2 minutes de plus.

e) Une fois que l'oignon a commencé à ramollir, ajoutez votre riz dans la poêle avec une pincée de sel et remuez pour enrober les grains dans le mélange d'oignon et de beurre.

f) Ajoutez maintenant vos champignons, mélangez avec le riz et remuez doucement pendant une minute.

g) Prenez une louche de bouillon, ajoutez-la aux champignons et au riz et remuez doucement avec une cuillère en bois jusqu'à ce que le liquide se soit presque évaporé.

h) Prenez maintenant une autre louche de bouillon et répétez l'opération en remuant doucement jusqu'à ce que le liquide s'évapore.

i) Continuer à ajouter le bouillon, une louche à la fois, et remuer jusqu'à ce qu'il s'évapore presque.

j) Continuez à faire un test de goût et lorsque votre riz est al dente et que vous avez une sauce gluante, votre risotto est cuit.

k) Retirez le risotto du feu, ajoutez une noix de beurre et votre parmesan et mélangez au riz.

l) Maintenant, ajoutez vos feuilles d'épinards, placez un couvercle sur la casserole et laissez reposer pendant 5 minutes.

m) Au bout de 5 minutes, retirer le couvercle, incorporer les épinards fanés et servir.

n) Si vous le souhaitez, ajoutez un filet d'huile d'olive et saupoudrez de flocons de piment avant de manger.

CONCLUSION

Le risotto est à la fois réconfortant et élégant. J'adore le fait que vous puissiez le préparer avec pratiquement n'importe quel type de bouillon ou de bouillon que vous avez sous la main, incorporer tous les légumes que vous aimez et le garnir de n'importe quoi, des crevettes rôties aux gros copeaux de parmesan.

www.ingramcontent.com/pod-product-compliance
Lightning Source LLC
Chambersburg PA
CBHW070500120526
44590CB00013B/704